2024

九星別 ユミリー風水

三碧木星

さんぺきもくせい

直居由美里

大和書房

風水は人が幸せに生きるための環境学

人は地球に生まれ、その地域の自然環境と共存しながら生き、生涯を終えます。その人の生涯を通して、晴れの日や嵐の日を予測しながら幸せに生きていくための環境学が風水です。

人は〝宿命〟という、生まれながらにして変えられない条件を背負っています。自分では選べない生きるうえでの条件なのですが、二十歳（はたち）頃から自らが社会に参加し生きていくようになると、宿命を受け止めながら運命を切り開くことになるのです。

そうです。運命は変えられるのです。

「一命二運三風水四積陰徳五唸書（いちめいにうんさんふうすいしせきいんとくごねんしょ）」という中国の格言があります。人は生まれてから、自らが自らの命を運んで生きている、これが運命です。風水を取り入れることでその落ち込みは軽くなり、運気の波は上り調子になっていくのです。そして、風水で運気が上昇していく最中でも、人知れず徳を積み（四積陰徳）、教養を身につける（五唸書）努力が必要であることを説いています。これが本当の幸せをつかむための風水の考え方です。

出会った瞬間からハッと人を惹きつけるような「気を発する人」はいませんか？「気」とは、その人固有の生きる力のようなもの。自分に適した環境を選べる“磁性感応”という力を持っています。

本書で紹介している、あなたのライフスター（生まれ年の星）のラッキーカラーや吉方位は、磁性感応を活性化させてよい「気」を発し、幸運を引き寄せられるはずです。

CONTENTS

2024年はこんな年

若々しいパワーに満ちる1年

2024年は三碧木星（さんぺきもくせい）の年です。20年間続く運気のタームである、第九運の始まりの年にもなります。

これからは新しい生活環境や働き方をはじめ、世の中のシステムが見直されていきます。2024年は三碧の象の力強い若い力をあらわし、若者の行動や新規ごとに注目が集まりそう。新しい情報や進歩、発展、活発、若さなどがキーワードになります。

若者がニュースの主役に

九星の中で最も若々しいパワーを持つ三碧ですが、未熟さ、軽率、反抗的な行動なども要素として持っています。よくも悪くも10代の言動が、社会を驚かせることでしょう。安易な交際や性犯罪の話題があるかもしれません。

草木は発芽するときに、大きなエネルギーで固い種子の皮を打ち破ります。そのため、爆発的な力を持っていることも2024年の特徴です。

新しい価値観がトレンドを生む

子どもの教育やスポーツにも関心が集まります。大きなスポーツ大会では、若い選手たちの活躍が期待できます。また、ＡＩを駆使した音楽もつくられていくでしょう。コンサートやライブなどの音楽イベントもＩＴ技術によって、新しいスタイルが定番となります。若い男性ミュージシャンや評論家、ボーイズグループも目立ち、ソロ活動する人にも注目が集まるでしょう。

ファッションも、若者たちの感性から、新しい素材やユニセックスを意識したスタイルが生まれます。

言葉によるトラブルに注意を

三碧には言葉や声という象意（しょうい）もあります。若者特有の言葉や造語が流行語になります。また、詐欺や嘘が今以上に大きな社会問題になる可能性が。地位ある人や人気者が失言により失脚することもあるでしょう。

ガーデニングなど花にかかわる趣味やイベントが注目を集めます。風水では生花はラッキーアイテムのひとつですが、特に２０２４年は季節の花を欠かさないようにしましょう。また、新鮮、鮮度も三碧の象意。初物や新鮮な野菜を使ったサラダがおすすめです。

2024年

三碧木星のあなたのラッキーアイテム

若木のエネルギーを持つ三碧木星は木のアイテムが○。
2024年はゴールドを取り入れるのがおすすめ。

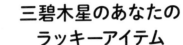

バッグの中身

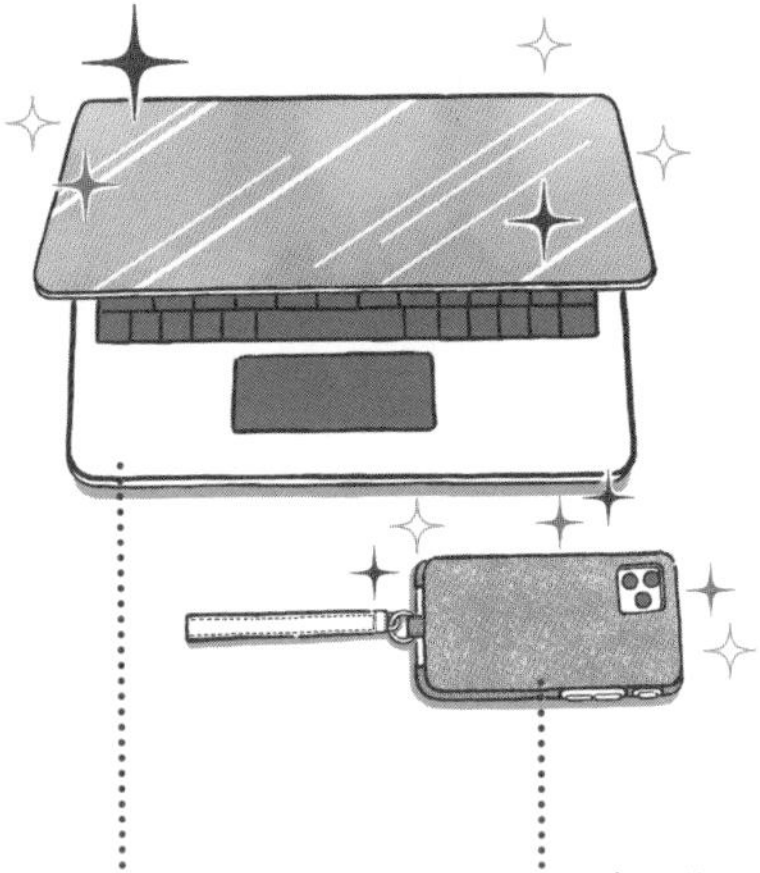

ノートパソコンにゴールドのカバー

ノートパソコンやタブレットにもゴールドのカバーをつけて。ゴールドのアイテムをバッグの中に入れ、ピンチをチャンスに変えましょう。

シャンパンゴールドのスマホケース

今年はゴールドがラッキーカラー。シャンパンゴールドのスマホケースを使うと運気が安定します。同色のスマホアクセサリーでもOK。

ゴールド系アイテムと
音に関連したものが○。

インテリア

スピーカー
音に関するものが三碧のラッキーアイテム。 お気に入りのスピーカーをリビングに置いたり、防水タイプをお風呂で楽しんで。

ピアノやオルガンなどの楽器
美しい音色を奏でるものが運気アップの鍵。楽器がなければ、ピアノをモチーフにしたオルゴールなどインテリアアイテムでもOK。

A MESSAGE TO YOU

三碧木星のあなたへ

天に向けて伸びる力を象徴する三碧 2024年は内面に目を向ける静運

三碧木星は春に咲く花を象徴し、うららかな日差しと穏やかな気候が似合います。また、風の音や鳥のさえずりなど、自然の中の響きも象徴し、世の中に敏感な理性派。無限に広がる可能性を秘めていますから、果敢にチャレンジすることが開運に直結します。第1章の「三碧木星の自分を知る」を読めば、あなたがまだ気づいていない隠れた力がわかります。

2024年は静運がめぐります。これはユミリー風水の9つの運気の中で、最も安定している運気。山登りにたとえると、ひと休みをしてまわりの景色を眺めるような時間です。活発に動くよりも、自分の内面や生活に目を向けるときです。心静かに、余裕を持って過ごしたい1年となります。2024年は心身のメンテナンスを優先し、エネルギーを充電しておくと2025年以降の運気の底支えになります。また、気持ちが安定を求めるので、結婚する人も多くなります。

年齢別 三碧木星の2024年

18歳　2006年生まれ／戌年

好奇心を満たしたいのに、思うように周囲が動いてくれずフラストレーションがたまります。我慢できずに強引な手法をとりたくなりますが、うまくいきません。昨日と同じ今日を過ごせる幸せに感謝しましょう。

27歳　1997年生まれ／丑年

結婚願望が強くなります。作戦を立て、駆け引きしようとすると失敗します。焦らずにお互いの気持ちが熟するのを待ちましょう。結婚の準備も兼ねて不用品の整理をするなど、暮らしや住まいを整えることがおすすめです。

36歳　1988年生まれ／辰年

自信過剰は孤立を招きます。社会的活動より内面を充実させるようにしてください。何事もほどほどで満足することが重要です。人に逆らうと、過去のトラブルが蒸し返されるので注意しましょう。

45歳　1979年生まれ／未年

家で家族と過ごす時間を大切にしてください。家族と一緒に食卓を囲み、ドラマや音楽を楽しみましょう。お互いの信頼から安心感が生まれ、運気を支えてくれます。お墓参りは家族全員で。年長者を大切にしてください。

年齢別 三碧木星の2024年

54歳　1970年生まれ／戌年

周囲の意見に耳を傾けましょう。責任も増すので、上手にスケジュール調整をして対応してください。ただし、思い通りにはならないと覚悟しておくこと。新しいことに手を出すと、敵を増やすことになります。取り残されそうな気持ちになるのは運気のせいです。

63歳　1961年生まれ／丑年

親戚から相談を持ち込まれそうです。親身になって力を貸してあげましょう。何度も痛い思いをさせられている相手との縁は、ここできっぱりと断ち切ってください。お金に関する相談は引き受けないほうがいいでしょう。ギャンブルにも手を出さないこと。

72歳　1952年生まれ／辰年

古傷が痛み出しそう。過去の病気の経過観察も怠(おこた)らないようにしてください。生活習慣の見直しも必要です。発酵食品を食べ、腸活を心がけて免疫力アップを目指しましょう。大きな買い物を避け、今あるものを活用する術(すべ)を考えるとライフスタイルも変わります。

81歳　1943年生まれ／未年

投資に手を出すと失敗します。増やすより減らさないことが大切です。お金に関することは専門家に聞きましょう。そして自分ひとりで判断せず、家族に相談してください。子どもや孫への出費も、無理をせずできる範囲内で収めるようにしましょう。

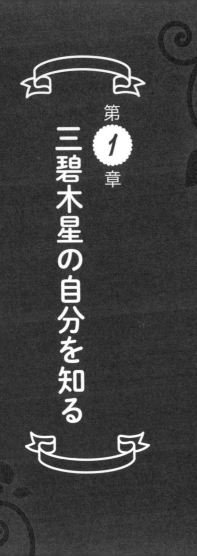

第1章
三碧木星の自分を知る

三碧木星はこんな人

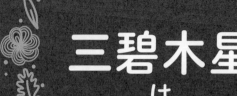

ラッキーカラー　碧（深緑）・赤・ワインレッド・茶色
ラッキー方位　東

早咲きで頭脳明晰（めいせき）、好奇心旺盛な自信家

三碧木星は草花や若木を象徴する木の星です。成長していく草木ですから、若々しく、とてもエネルギッシュ。成長途中なので多くの経験を積みながら伸びていきます。困難をものともしない勢いがあり、常にアクティブに動き回る人です。好奇心旺盛（おうせい）なのはまだ見ていないものがたくさんあるのを知っているから。草木が発芽するように気持ちがまっすぐで、嘘がありません。

頭の回転も速く、若いときから才能を開花させるので、早めに目標を決めて、若いうちに結果を残すことが人生において重要なポイントになります。プライドも高く、まわりから浮くような存在になりがちですが、そんなことにはひるまず突き進んでいくことができるでしょう。

でも、野原の草木には暴風雨に耐える強さはありません。ですから強気で自信家のように見えても、実はやさしく傷つきやすい面も併せ持っています。また、声や音も象徴するので、基本的にはおしゃべり。弁が立つ人が多いのもこの星の特徴です。

ラッキーカラーは深緑、ラッキー方位は東

右ページにあるラッキーカラーとは、一生を通してあなたの運気を助ける守護色です。色のパワーがあなたに働きかけ、あなたの発する気をよいものにしてくれます。住まいのインテリアや洋服、持ち歩くものに取り入れるようにしましょう。また、ラッキー方位とは自然界のよい気が自分に流れてくる入口のようなもので、住まいの中で大切にしたい方位です（48ページ参照）。三碧木星のラッキー方位は東なので、住まいの東が汚れていると邪気のまじった気を自分が受けることになります。ですから、いつもきれいにしておくことが大切です。また、東を枕にしたり、東を向いて座ったりすることで、あなたの内側から湧いてくる力を高めてくれる効果もあります。

三碧木星の 人生

若い頃からの努力を継続して人生を安泰にする

三碧木星は若木のように上へと向かうみずみずしいエネルギーに満ちているので、若い頃から才能を発揮します。早くに成功を収める人が多いのもこの星の特徴です。若くして名を上げるスポーツ選手に三碧木星が多いのも、この星が持っているエネルギーと無縁ではありません。早くから出世街道を歩むことになるので、周囲に持ち上げられてどうしても自己中心的になったり自信過剰になったりしがち。それが周囲の嫉妬（しっと）ややっかみをかい、自分の知らないところで多くの敵を作ることにもなります。

若い頃の成功に満足してしまうと、その後の成長は止まってしまいます。本来あなたにある、上へと向かうエネルギーを常に持ち続けること。地道な努力はすぐには結果に結びつきませんが、それを継続することでその後の運気を助けます。

三碧木星は早咲きの星なので、中年期にはなかなか思うように物事が運ばず、足踏み状態を感じることがあるかもしれません。そんなあなたを助けてくれるのが、もともと備わっている陽気な人柄とファイトあふれる行動力です。自立心が強い三碧木星ですから、自分のしたいことをみつけて第二の人生をきちんと構築する力を持っています。守りよりも攻めに強いタイプなので、どんな状況にあってもチャレンジしていく気持ちを持ち続けることができるはずです。人脈を広げておくことも、足踏み状態の運気を乗り切る大きな力になります。

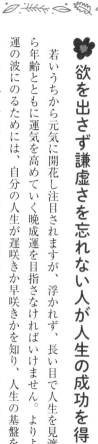

欲を出さず謙虚さを忘れない人が人生の成功を得る

若いうちから元気に開花し注目されますが、浮かれず、長い目で人生を見渡しながら年齢とともに運気を高めていく晩成運を目指さなければいけません。よりよい晩成運の波にのるためには、自分の人生が遅咲きか早咲きかを知り、人生の基盤を強固にしていくべきです。若いうちにパッと花が咲いて人目を引きますが、周囲から嫉妬をかったり、調子にのって痛い目を見たりすることもあるのでくれぐれも注意を。本来であれば注意深く自分を磨いて休息をしっかりとれば、より長く花は咲き続けます。でも、それができずに実をつけられないというパターンに陥り（おちい）がち。もっと上があるはずだと欲を出すことも晩成運を下げてしまいます。いつまでも謙虚さを忘れず、リスク管理をしておくことが晩成運アップの鍵になります。

三碧木星の金運

金銭感覚を若い頃から磨いて計画的な貯蓄を

若い頃から経済的に恵まれているため、金銭感覚が狂いがちです。お金の出入りが激しいのが特徴なので、入ってきたときにしっかり貯蓄をしておくことで、上手に財を築くことができます。計画的に貯めていく癖を身につけると、人生を通して金運も安定します。

衝動買いや見栄で浪費をしがちで、好奇心に引きずられて出費してしまう傾向にあります。何にでものめり込むタイプなので、ギャンブル好きや投機的商品に興味のある人は要注意です。自分の金銭感覚をよく認識したうえで行いましょう。

財テクでは利益や配当だけを追求すると、金運の浮き沈みが激しくなります。時代の先を読む能力と情報収集能力の高いあなたですから、リサーチをしっかりしたうえで、堅実な株式投資や投資信託などで資産を運用するのがおすすめです。ハイリスク・ハイリターンは避け、積み立てや定期預金などで地道な貯蓄を心がけましょう。得意分野や特技を生かしてお金を得ると、運気が開けます。

三碧木星の才能・適性

人と協調した自立心を養えば成功する

向上心が強く、時流を読むセンスにすぐれているので若い頃から頭角をあらわします。守りよりも攻めに強いタイプなので、調子のいいときは相手をのみ込む勢いがあり、いい結果を出せるのですが、失敗や挫折に遭遇(そうぐう)すると気持ちが先に負けてしまいそう。困ったときに助けてもらえる環境を作っておくことが肝心です。

負けず嫌いなところがあるので、ライバル意識をむき出しにすると周囲から浮いた存在になり、孤立してしまうことに。納得がいかないとなかなか行動に出ない面もあるため、それが原因で周囲とのトラブルを引き起こしがちです。強引な手法や自己中心的な考え方も周囲からのサポートを減らすことになるので気をつけましょう。

自立心が強いのがあなたの強みです。ひとつのプロジェクトや部署をまかされたときは責任感を持ってのぞんでください。自分で事業を起こしたりするのも向いています。三碧木星に向く職業は、パティシエ、料理研究家、通訳、アナウンサー、評論家、声優、歌手、作曲家、獣医師、歯科衛生士、旅館経営、証券業、金融業などです。

三碧木星の恋愛・結婚

包容力のあるパートナーと出会えば幸福に恵まれる

花のように華やかな雰囲気を持った人が多く、異性からの注目度が高いので恋のチャンスには恵まれます。どちらかというと恋愛体質で、好きになった人へはストレートにアプローチ。ティーンエイジャーのような恋を地で行くタイプです。

独占欲が強くわがままな面があり、あなたを上手に甘えさせてくれる包容力のある人とはうまくいきます。相手が少しでもよそ見をすると急に熱が冷めてしまうので、大恋愛と大失恋を経験することが多いといえます。異性関係においては、ある程度の冷静さを養っておかないと、生涯シングルということにも。女性は男性の条件にこだわり、高望みする傾向があるものの、傷つくことを恐れ、高いハードルを越えようとしません。また、臆病な性格なので周囲に反対されるような相手も選びません。男性は甘え上手な人が多く、年上の女性と縁があります。

三碧木星はどちらかというと早婚型。お見合いよりも恋愛のほうが自分に合った人をみつけることができるので、異性へのアンテナをいつも敏感にしておいて。

三碧木星の家庭

仕事と家庭のどちらも大切に。両立させ円満な家庭をつくる

みんなに愛されて明るく育ちます。家庭では、家族の期待の星という子ども時代を過ごします。成長してからは、自立心が強いので家族から頼りにされることが多く、家族の中心的存在となります。男女とも家庭より仕事を優先させる傾向が強く、男性の場合は家庭的な人とはいえないかもしれません。でも、家族を大切に思いながらもそれを言葉で言いあらわせないだけなので、家族サービスなどの行動で思いを示していくようにしましょう。女性は家に収まるタイプではありません。いつも忙しく動き回っているほうが精神的にもいいので、仕事を持って家庭と両立したほうがうまくいきます。妻としてはかなり口うるさいタイプで、器の小さい男性だとすぐにケンカになってしまいます。子どもに対しては自分の理想を押しつけてしまうと、萎縮（いしゅく）して才能を発揮できません。子どもの個性が生かせる道を一緒に考えてあげて。

円満な家庭を築くためには、お互いの思いやりが大切です。言葉によるトラブルが多くなるので、言葉の選び方に気をつけないと家族を傷つけてしまうことに。

幸運をもたらす

人間関係

人の意見に耳を貸し、理解者を大切にして成功を

人には持って生まれたエネルギーがあり、それを象徴するのがライフスターです。人間関係においてはそのエネルギーが深く関係します。113ページから紹介するライフスター同士の相性というのはそのひとつですが、これとは別に、あなたに特定の幸運をもたらす相手というのも存在します。それをあらわしたのが中央に自分のライフスターを置いた左の図です。それでは、どんな関係かを見ていくことにしましょう。

運気を上げてくれるのが七赤金星。これはともに働くことであなたに強運をもたらしてくれる相手。あなたの運気を助けてくれる人でもあるので、一緒に長く頑張っていける関係です。お互いプライベートなことは詮索しないで、一定の距離感を持った付き合いをすることです。

あなたのやる気を引き出してくれるのが九紫火星。あなたにハッパをかける人でもあり、この人に自分の頑張りを試されるといってもいいでしょう。八白土星はあなたに精神的な安定を与える人、四緑木星は名誉や名声を呼び寄せてくれる人です。よく

名誉を与える 四緑木星	安定をもたらす 八白土星	蓄財をサポートする 六白金星
お金を運んでくる 五黄土星	自分の星 三碧木星	チャンスを運ぶ 一白水星
やる気を引き出す 九紫火星	運気を上げる 七赤金星	新しい話を持ってくる 二黒土星

＊この表は、星の回座によりあらわし、北を上にしています。

も悪くも新しい話を持ってきてくれるのが二黒土星です。それに合わせて、今までにない新しい交友関係ももたらしてくれます。

金運は五黄、一白、六白

金運をもたらす関係といえるのが、お金を運んでくる五黄土星、実利につながるチャンスをもたらす一白水星です。仕事のクライアントや給与を支払ってくれるのが五黄の人なら、経済的な安定をもたらしてくれます。一白は仕事の話や自分にはない人脈を運んできてくれる人です。また、蓄財のサポートをしてくれる六白金星は、財テクや貯蓄プランの相談役として心強い相手です。

9タイプの三碧木星

性格は生まれ月で決まる！

生まれ年から割り出したライフスターは、生きていく姿勢や価値観などその人の本質を強くあらわします。でもその人となりの形成には、ライフスターだけではなく、生まれ月から割り出したパーソナルスターも深く関係しています。

パーソナルスターからわかるのは、性格、行動など社会に対する外向きの自分。下の表からみつけてください。たとえば、あなたが三碧木星で11月生まれならパーソナルスターは五黄土星。三碧の本質と五黄の性質を併せ持っているということです。

月の初めが誕生日の場合、前月の星になることがあるので携帯サイト（https://yumily.cocoloni.jp）で生年月日を入れ、チェックしてください。

自分のパーソナルスターをみつけよう

ライフスター ＼ 生まれ月	一白水星 四緑木星 七赤金星	三碧木星 六白金星 九紫火星	二黒土星 五黄土星 八白土星
2月	八白土星	五黄土星	二黒土星
3月	七赤金星	四緑木星	一白水星
4月	六白金星	三碧木星	九紫火星
5月	五黄土星	二黒土星	八白土星
6月	四緑木星	一白水星	七赤金星
7月	三碧木星	九紫火星	六白金星
8月	二黒土星	八白土星	五黄土星
9月	一白水星	七赤金星	四緑木星
10月	九紫火星	六白金星	三碧木星
11月	八白土星	五黄土星	二黒土星
12月	七赤金星	四緑木星	一白水星
1月	六白金星	三碧木星	九紫火星

9 パーソナルスター別タイプの三碧木星

パーソナルスターは一白から九紫まであるので、同じ三碧でも 9 つのタイプに分かれます。パーソナルスターも併せて見たあなたの性格や生き方は？

一白水星(いっぱくすいせい)

一白の水と三碧の花の組み合わせなので、自分で自分に水を与えて花を咲かせることができる人です。おしゃべり上手で人付き合いはよく、周囲の人を上手に癒(いや)すことができます。自分に自信があるので納得できないことは譲(ゆず)らない頑固な面も。調子にのると多くの敵を作るので謙虚さを忘れないで。

二黒土星(じこくどせい)

ひとつのことにコツコツと取り組む粘り強さと、時流を読む力を持った人です。強気でしっかり者のように見えても、なかなか自分で決断することができません。考えを行動に移すのに時間がかかるとチャンスを逃してしまうことに。自分を励ます人のもとで行動すると物事がスムーズに運びます。

三碧木星(さんぺきもくせい)

いつも陽気でアクティブに動いているものの、いざというときに山のような安定感を発揮する人です。おしゃべりが上手で頭の回転も速い理論派ですが、行動に移すのに時間がかかります。でも、一度始めたことは粘り強く取り組みます。努力と忍耐があれば長きにわたって活躍できる人です。

四緑木星(しろくもくせい)

花の三碧にふりかかる風や雨から守ってくれるのが樹木の四緑。このふたつを併せ持っているので自分で自分をしっかり守れるタイプです。ケンカは好まず、争いごとは避けるほう。穏やかな性格で、周囲からの好感度も高い社交派です。筋の通ったことだけを信じ、自分の行動指針とします。

五黄土星（ごおうどせい）　自分の考えを理論的に説明し、それにもとづいた行動ができる人です。強気の発言が多く、自分勝手に見えるので、周囲から誤解を受けることが。でも、内面は臆病で気が小さいので、周囲への気配りを忘れないのがいいところ。ただし共同作業は苦手で、みんなをまとめるリーダー役は不得手（ふえて）です。

六白金星（ろっぱくきんせい）　活動的でエネルギッシュな人です。自立心が旺盛で、周囲への気配りや目配りもできるタイプです。大胆な行動をとるわりには、物事を決断するのに時間がかかってしまうことも。人を引きつける力が強くサポーターは多くいますが、周囲を振り回しすぎてびっくりさせてしまうこともあるかも。

七赤金星（しちせききんせい）　花の三碧と星の七赤を持っているので、目立ちたい願望が強い人です。常に自己アピールをして周囲からの注目を集めたいタイプです。楽しいことや新しいことが大好きで、他人を蹴落（けお）としたり、批判したり、争いに発展するようなことはしません。プライドの高さに気をつければ幸せな人生に。

八白土星（はっぱくどせい）　周囲の視線が自分に向いていることに心地よさを感じる人です。強気で自信家に見えるのは、見えないところでしっかり努力をしているからです。でも頭で考えたことがなかなか行動に移せないという面も。早くから成功しますが、継続の意味を持つ八白があるので、長年活躍していくことができます。

九紫火星（きゅうしかせい）　太陽の九紫と花の三碧の組み合わせなので、自分の花を自分のエネルギーで育てていける人です。陽気でエネルギッシュ、自分が大好きなので、何かをしても自画自賛して終わってしまうこともあります。感情的で短気な面も持ち合わせており、それがトラブルの火種になります。

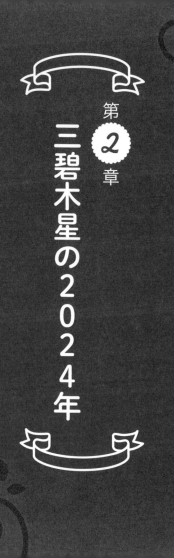

第2章
三碧木星の2024年

2024年の全体運

2024年2月4日～2025年2月2日

控えめな態度で周囲の意見を聞く

三碧木星にめぐってくるのは、前進は控え、内面を見つめ直すべき静運です。上り調子だった2023年までに使い果たしたエネルギーをチャージするときになります。2024年の過ごし方の基本は「静」です。全力で前進しようとしても結果はついてきません。好奇心旺盛で、明るく賑やかなことが好きなあなたですが、控えめな姿勢で周囲との協調を優先させてください。前に出ようとせず、周囲に一歩譲るような気持ちでいることが大切です。

論理的に物事を進めようとすると邪魔が入り、机上の空論だと非難されそう。前に進もうとすればするほど、敵をつくることになります。前進ではなく、いったん停止するほうが運気は安定します。

2024年の吉方位
北
北東
東
南東
南
南西
西
西北西
北北西

2024年の吉方位　南西、北北西

2024年の凶方位　北、南、東、西、北東、南東、西北西

心身のリセット期でもあるので、人生の転換期を迎える人もいるでしょう。将来の夢や目標達成までどうアプローチしていくのかを考えてください。新しいものが好きで、流行に敏感なあなたですが、今あなたが手にしているものの価値を再確認しましょう。フラストレーションから解放され、気持ちが落ち着きます。

欲張らず、冷静さを大切に

家で過ごす時間を多くしましょう。気持ちが安定を求めるので、ゴールインする人も多くなります。信頼できる相手なら幸せになれるでしょう。ただし、転職や引越しは控えてください。いつもより家庭や家族を大切にすること。生活習慣の見直しも運気に合っています。

過去のトラブルが再燃する可能性もあります。責任のある立場に置かれることが増えそうですが、相手の主張に耳を傾け、丸く収める努力をすることが大切です。何とかしようとして言わなくていいことを口にしがちです。駆け引きで状況を変えようとせず、真摯（しんし）な対応を心がければ問題はありません。高望みをすると信頼を失うことに。ほどほどで満足することで運気は安定します。

2024年の金運

住まいを整え、金運を呼び込もう！

お金の大きな動きはないでしょう。臨時収入や大きな昇給は期待できません。お金に執着せず、あるだけ使ってしまうあなたですが、2024年は計画性を大切にしてください。趣味やスキルアップの勉強などの自己投資、部屋を整えるためのアイテム、インテリアに関するものへの出費は問題ありません。ユミリー風水では「人は住まいから発展する」と考えます。住環境を整えるとよい気に包まれ、あなたのエネルギーが高まります。ただし、出費は予算内に収まるように計画性を持つことも忘れないでください。

将来を見据えたマネープランを立てるのにも最適なタイミングです。目先の利益に左右されず、定期積立や天引きなどで貯蓄する方法がおすすめです。また、トレンド情報から距離を置くようにすると、自然に出費が減り、ある程度の余裕は出てくるでしょう。大きな買い物は次の機会に回し、増やすより減らさないことが大切です。

また、エコに取り組み、無駄なエネルギーを使っていないかをチェックすること。

省エネモードの家電なら買い替えを考えてもいいでしょう。フードロスにも関心を持ってみて。不用品もリサイクルやフリマなどを活用し、世の中に循環させて新しい命を与えてあげてください。

減らさない努力が必要です

趣味を生かせる副業やパート、アルバイトを始めてもいいのですが、時間的な余裕がなくなるような働き方は避けましょう。体力・気力が低下すると、お金を引き寄せるエネルギーも弱くなります。無計画な事業拡大や一攫千金をねらうようなギャンブル、投資はよい結果をもたらしません。欲を出すと損をします。また、お付き合いの仕方を考えないと出費だけが増え、その関係が人脈につながりません。高額な費用がかかるお付き合いとも上手に距離をとるように。まずはオンラインなどで人となりを知ってからリアルで会うなど、ステップを踏むようにするといいでしょう。

睡眠時間をたっぷりとって思考がクリアになると、冷静に考えられるようになります。なるべく家で過ごすようにして、自分の時間を大切にしてください。リラックスできる時間を持つと金運も安定します。

2024年の仕事運

安定志向で仕事に取り組んで

頑張っても、期待したほどの成果はあがりません。逆に孤立無援の状況に。周囲からの評価を求めず、与えられた仕事を着実にこなすことが重要です。プレゼン上手なあなたですが、2024年は積極的なパフォーマンスより、丁寧な仕事を心がけてください。やるべきことは最後まで手を抜かず完成させること。また、他人の意見に左右されて、決めたことを撤回するのもいけません。物事を決める前に目上の人に相談するのもいいでしょう。何事も最後までやり抜きたいあなたですから、その長所を発揮しましょう。

もの足りなくても、地味な役割に真摯に取り組む姿勢が必要です。物事をスムーズに進めるために、まず優先順位を決めましょう。スケジュール管理にも注意してください。タイトなスケジュールを立てると、ドタキャンされて段取りが狂い、プロジェクトが頓挫する可能性もあります。

思うように物事が進まないと感じるかもしれません。焦っても空回りするだけなので、ここは2025年の基礎づくりだととらえましょう。また、将来性を感じられないクライアントとは距離をとることも考えて。新しいよい気を呼び込むためには、ネガティブな縁を整理する必要があります。

承認欲求は封印して

八方塞(ふさ)がりのような息苦しさから抜け出したいと、根回しや駆け引きを考えても策に溺れるだけです。最低限のノルマやミッションが終了したら、早めに帰宅するようにしてください。

また、周囲のアドバイスにはきちんと耳を傾けること。職場の調整役として頼られることも多くなりますが、注目を集めようと目立つ行動をとると妬(ねた)みやジェラシーに悩まされます。自分の立場を優先させると、ひんしゅくをかうきっかけになります。

2024年は過去のトラブルが再燃する可能性もあります。言い訳をせず、泰然と構えていてください。もし、あなたに非があるのなら素直に認めること。人のミスについても同様です。相手の話を冷静に最後まで聞き、手にあまるなら周囲へサポートを頼むようにしましょう。

2024年の恋愛・結婚運

結婚を求めたくなる運気

安定を求めたくなる2024年です。孤独感を感じ、誰かと寄り添いたくなるので、恋愛よりも結婚に向いた運気。結婚を強く意識するようになるでしょう。家庭を持つには適した時期です。

決まった相手がいないなら、結婚につながるようなお付き合いができる相手を探しましょう。家で過ごす時間を大切にしたいときなので、出会いのチャンスは多いとは言えないかもしれませんが、2024年は周囲の助けで恋愛運がアップします。好き嫌いがはっきりしているあなたですから、親戚や友人に理想の相手を伝えて、出会いの場を設けてもらうのもいいでしょう。

縁談は条件にこだわらず、まずはコンタクトをとってみましょう。高望みをしていると、せっかくのチャンスを逃します。たとえ出会いに恵まれなくても焦らないで。読書や音楽鑑賞、芸術などに触れ、内面や美意識を磨いてください。今後の出会いのためにあなたの恋愛力を高めるときだと考えましょう。

交際中ならそろそろ決断をくだすタイミングになります。でも、あまり強引に結婚話を持ち出すと逆効果になるかも。相手の気持ちが決まらないようなら、機が熟すのを待ちましょう。

誠実さが良縁を引き寄せる

寂しさから結婚を焦り、同時に複数の相手と接触するのは絶対に避けてください。明るくイキイキとしたあなたは、周囲の注目を集めます。調子よく気ままな対応をしていると、後で大きなトラブルにもなりかねません。アバンチュールはスキャンダルになり、せっかくのチャンスも逃してしまいます。

情熱的な一面を持つあなたはついつい独占欲が強くなりがちですが、独占欲やジェラシーに振り回される恋愛に将来性は望めません。昔からの悪縁を引きずっているなら、ここできっぱり断ち切ること。そうしないと良縁を引き寄せることはできなくなります。

いい出会いを求めるなら、白地に黄色の水玉のスカーフやポケットチーフをファッションに取り入れると、開運につながります。

2024年の家庭運

共感が家族の絆を強くする

家族との時間が運気を左右する2024年です。家庭は人生の基礎、基盤といえるもの。日頃から一緒に食卓を囲み、お互いの気を交換しましょう。進学や単身赴任でひとり暮らしの人がいる場合も、SNSなどでコミュニケーションを積極的にとるように心がけてください。

家族間のトラブルは問題の背景を探り、あなたから歩み寄る姿勢を見せることが大切です。言葉で理解させようとせず、共感することから始めましょう。また、子どもにかかる費用はセーブしないこと。将来への投資と考えてください。

住まいの気が家庭運に大きな影響を与えます。コンセントの汚れはこまめに掃除しましょう。テレビなどの電化製品のホコリもきれいにして、いい気で満たすように。また、住宅運アップのアクション（46ページ）を取り入れると家庭運もアップします。お彼岸やお盆に家族と一緒にお墓参りをし、お墓の掃除をすると気持ちが安らぎます。年長者を大切にするように心がけると、さらに家族の絆が深まるでしょう。

2024年の人間関係運

身近な人にリスペクトを

華やかな交友関係は望まず、公私ともに今まで築いてきた人脈を大切にしてください。友人と過ごす時間があなたをリラックスさせ、エネルギーをチャージしてくれます。今までのサポートに気づいたら、素直に感謝の言葉を伝えましょう。また、しばらく会っていない友人には、あなたから連絡をとって近況報告を。身内やご近所からも頼られることが多くなります。ただし自分の価値観を押しつけず、ニュートラルな姿勢で相手を理解することから始めましょう。

2024年に知り合った人とは、まずは広く浅くのお付き合いから始めましょう。不躾(ぶしつけ)にあなたのプライベートに踏み込んでくる人は要注意。あなたを利用しようと考えているかもしれません。できるだけ接触を避けたほうが無難です。

2024年は声や言葉が運気のキーワードになります。おしゃべり上手なあなたですから、わかりやすい言葉でゆっくりと話すのは得意なはず。声のトーンを少し高くすると、さらによい気を呼び込むことができます。

2024年の住宅運

新築・引越しは計画までに

住まいを大きく変える年ではありません。引越しや新築、大規模リフォームは2025年以降にするのが無難です。どうしても引越しせざるをえない場合は、年の吉方位にあたる南西、北北西となる場所を選びましょう。可能なら年と月の吉方位が重なるときが理想的です。南西なら3月、4月、9月、12月、北北西なら4月、7月、8月、2025年1月です。

ただし、あなたの天中殺（てんちゅうさつ）（50ページ参照）にあたる月は避けましょう。また、あなたが辰巳（たつみ）天中殺の運気の人なら、2024年は年の天中殺です。あなたが世帯主なら、引越しや新築は避けましょう。ただし、土地の購入だけなら問題はありません。

住まいの気を発展させるには部屋の東は風通しをよくし、いつもきれいに掃除しておきましょう。2024年はゴールドや大理石をあしらったアイテムを飾り、部屋の真ん中に生花を飾るのがおすすめです。また、人と情報交換をし、会話することも住宅運アップにつながります。

2024年の健康運

胃腸やのどの不調に注意

無理をしなければ大きな体調の変化はないでしょう。スケジュールを詰め込まず、疲れを感じたらこまめに休息をとること。季節を問わず乾燥からのどを痛めやすいので、水分補給も忘れないようにしてください。また吹き出物もできやすくなります。体の代謝も低下しがちで暴飲暴食をすると太りやすくなります。冷えに注意し、血行をよくするように心がけましょう。

静運の年は心身のメンテナンスをすべき年になります。健康診断を忘れず、不調を感じたらすぐに専門医を受診しましょう。不規則な生活は肌荒れや便秘の原因にもなります。腸の働きをサポートするために、発酵食品を積極的に食事に取り入れ、規則正しい生活を心がけてください。2024年は食中毒にも十分注意しましょう。冷蔵庫の整理整頓を習慣にし、期限切れの食品は処分してください。

ゆったり入浴して、冷えやストレスから体をいたわりましょう。気分が晴れないときは、窓を開けて新鮮な空気を部屋に入れながら、掃除をするのがおすすめです。

COLUMN 1

～2024年のラッキー掃除～

情報がスムーズに入るように掃除・整頓を

2024年は情報が入ってくる東の方位(家の中心から見て)が重要になってきます。東に段ボールや古新聞を置いていると、よい情報が入るのを邪魔します。忘れてはならない場所が、冷蔵庫の野菜室。野菜くずや汚れを残さないように水拭きし、食材を整理して収納しましょう。

また、電気関連の場所も大切なポイントです。分電盤やコンセントカバーなどにホコリを残さないように。パソコン本体はもちろん、キーボードの溝も綿棒などを使って、清潔さを維持するようにしてください。

第3章

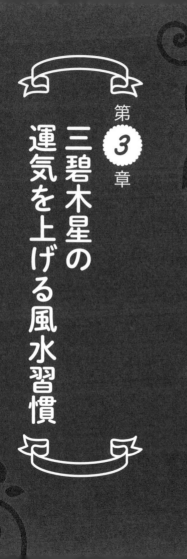

三碧木星の運気を上げる風水習慣

金運アップのアクション

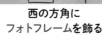

西の方角に
フォトフレームを飾る

金運アップにフォトフレーム

2024年の金運アップのアクションは西にフォトフレームを飾ることです。西は収穫・収入・喜びを招く方位で、金運を招く場所。フォトフレームは金色の縁取りのものを選ぶと空間が華やぎ、お金回りがよくなります。

また、フォトフレームは曲線を描くアクリル製のものがおすすめ。家族写真を入れ、リビングなどいつも見えるところに飾りましょう。フォトフレームに手垢やホコリがついていては運気がダウン。やわらかい布で拭き、いつもきれいにしておきましょう。

お金の風水

カトラリーをピカピカに磨く

2024年は活気にあふれ、会食やパーティーが多くなります。パーティーに参加して人脈を広げることが金運を開く鍵。家庭でもパーティーに欠かせない銀やステンレスのカトラリーを磨きましょう。それも顔が映るぐらいピカピカにしておくこと。

磨き上げたカトラリーはアイテム別にまとめ、上下を揃(そろ)えて収納を。引き出しは隅々まできれいにして、ホコリやゴミを残さないことも大切です。

家でもBGMを楽しむ

2024年の中宮・三碧は音や響きを象徴する星です。コンサートやライブを楽しむのはもちろん、家の中でも好きな音楽を聴くとよい気を呼び込めます。家事をするときやバスタイム、メイクをするときもBGMを流して音を楽しむといいでしょう。いつも美しいメロディーやリズムに触れていると、自然にパワーを充電できます。

特にきれいに掃除した部屋の中央で、音楽を聴くのがおすすめです。

仕事運アップのアクション

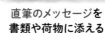

直筆のメッセージを
書類や荷物に添える

仕事相手の方に「手書き」を

2024年の仕事運アップのアクションは、書類や荷物を送る際に、直筆のメッセージを添えることです。

フォーマルな文章である必要はありません。メールやパソコンで作成した文書ですませがちですが、直筆でひと言添えるだけで受け取る側に好印象を与えることができます。一筆箋でもかまいませんが、冒頭には相手の名前、文末には自分の名前を明記しましょう。

便箋などの文房具はいくつか用意し、季節や送る相手に合わせてチョイスするのがおすすめです。

仕事の風水

こまめに情報を更新する

数字が並んでいるカレンダーは仕事運をアップさせます。さらに2024年は情報の更新が重要なポイントになります。きちんと月や日ごとに新しいページをめくるようにすること。また、手帳には新しいアイデアやミッションを書き込むといいでしょう。

パソコンも古いデータをいつまでもデスクトップに置かないようにしましょう。データは保存するか削除し、ソフトのアップデートも忘れないこと。

北西のスペースを整える

仕事運を司る方角は北西です。家の中心から見て北西の場所や部屋を常にきれいに整えてください。2024年は、木製アイテムがよい気を呼び込みます。北西の方角に木製のブックエンドや文具箱を置き、毎日の拭き掃除も欠かさないように。

キャビネットやデスクを置く場合は、書類などを置きっぱなしにせず、引き出しの中に片づけて。整理整頓で、仕事がしやすい環境をキープしましょう。

恋愛・結婚運アップのアクション

ドアノブやフックを
ピカピカに磨く

輝きが良縁を引き寄せる

2024年の恋愛・結婚運アップのアクションは、ドアノブやフックなど家の中にある金属をピカピカに磨くことです。金属製のものはきれいに磨かれ、ピカピカと輝くことで良縁をもたらします。玄関ドアや部屋のドアなど、毎日触れることが多い金属部分は汚れがつきやすいもの。定期的に水拭きをして清潔さを保ち、きれいにしておきましょう。

真鍮（しんちゅう）など素材によっては酸化して黒ずんでしまうことも。素材に合った磨き方で輝きを取り戻しましょう。

おそうじの風水

東に植物を置き、世話をする

植物は風水のラッキーアイテムのひとつです。三碧の年は東の方角からよい情報が入ってきます。２０２４年は東に観葉植物や生花を置きましょう。観葉植物の葉にホコリが残らないようにやさしく拭き、花瓶の水は毎日取り替えること。鉢や花瓶も汚れをとるように心がけてください。

枯れた葉や花は邪気になります。こまめに手入れして、枯れたものを残さないようにしてください。

楽器や電化製品を手入れする

２０２４年は音にかかわるものが重要なアイテムになります。ピアノやギターなど楽器にホコリを残さないように手入れしてください。普段使わないものでも、こまめにお手入れを。しまい込んでいる楽器も同様です。

また、三碧は電気の象意も持っています。エアコンや冷蔵庫、テレビ、電子レンジなどの電化製品もきれいにすることが大切です。細かい部分まで丁寧に掃除してください。

住宅運アップのアクション

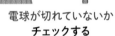

電球が切れていないか
チェックする

ホコリもとってピカピカに

2024年の住宅運アップのアクションは、シャンデリアやフロアライトなど照明器具の電球をチェックすることです。切れた電球をそのままにしておくと邪気につながり、家族のエネルギーを下げていきます。特に、電球の数が多いシャンデリアなどは細かくチェックし、すべての電球がつくことを確認してください。

照明器具にホコリがつかないよう掃除をこまめにすること。きれいに手入れされた電球は、家族の団らんにもひと役買ってくれます。

住まいの風水

花を育てる

草花は三碧の象意です。庭があるお宅なら、四季を通して花が咲くようにガーデニングをしましょう。庭がない場合は、ベランダガーデニングで花を育ててください。

また、よい気や情報は玄関やベランダから入ってきます。玄関やベランダに余分なものを置くと、それらがよい情報を遮(さえぎ)ってしまいます。開口部はきれいに整え、気がスムーズに入るようにしましょう。

フローリングを磨く

フローリングに掃除機をかけ、その後、ピカピカになるまで磨き上げましょう。木材の持つパワーを引き出すことができます。また、傷があれば、その手入れも忘れずに。

畳やじゅうたんもきれいに掃除してください。大地に近い床は、大きなパワーが漂う場所です。住まいに大地のパワーを常に取り入れるためにも、床には不要なものを置かず、きれいにしておくことが大切です。

吉方位と凶方位のこと

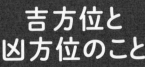

方位はよくも悪くも運に影響を与えます

風水では、吉方位への神社参りをしてくださいとよくアドバイスします。私自身、ほぼ毎日、日の吉方位にある近くの神社へ散歩をしながらのお参りを欠かさずしています。吉方位とはあなたのライフスターが持つラッキー方位（12ページ参照）とは別のもので、自ら動いていくことでよい気をもたらす方位のこと。自分の生活拠点、つまり住んでいる場所（家）を基点に考えます。

旅行や引越しで方位を気にするのは、自分の運気がよくも悪くも宇宙の磁場の影響を受けるから。でも、吉方位へ動けば、自分の磁力が活性化して気力にあふれ、どんどんよい気がたまっていき、巻頭で述べたような「気を発する人」になるのを手助けしてくれます。

吉方位には年の吉方位、月の吉方位、日の吉方位があり、それぞれライフスターで異なります。凶方位も同様です。生活の中に吉方位を取り入れるときは、目的によって左ページのように使い分けます。

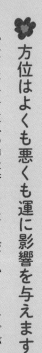

北
北東
東
南東
南
南西
西
北西
北北東
東北東
東南東
南南東
南南西
西南西
西北西
北北西

日の吉方位

日の吉方位と凶方位は毎日変わります。スポーツなどの勝負ごとや賭けごと、プロポーズ、商談などその日に決着がつくことには、日のみの吉方位（第4章のカレンダーを参照）を使います。

月の吉方位

月ごとにも吉方位と凶方位は変わります。数日間滞在するような旅行は、月と日の吉方位が重なる日に。風水では月替わりが毎月1日ではないので、第4章の月の運気で日付を確認してください。

年の吉方位

年の吉方位は、その年を通してあなたに影響を与え続ける方位です。引越しや住宅購入、転職は方位の影響を受け続けることになるので、年（26ページ参照）、月、日の吉方位が重なる日に。

天中殺は運気の貯蓄をするとき

運気が不安定になる時期をチェック

天中殺とは、周囲が味方になってくれない時期を意味します。自分でコントロールすることができない運気で、これも私たちが持つ運気のひとつです。

天中殺の時期は、家の外は嵐という状態。出る杭は打たれるというときなので、何の準備もしないで外＝社会に出ていけば、雨風に打たれて心身ともに疲労困憊してしまいます。ですから前もって自分の天中殺を知っておくことが大切です。天中殺には運気が不安定になるので、不安や迷いを感じやすくなったり、やる気が出なかったりと、マイナスの影響がもたらされてしまいます。

天中殺は、年、月、日と3種類あり、生年月日によって、子丑天中殺、寅卯天中殺、辰巳天中殺、午未天中殺、申酉天中殺、戌亥天中殺の6つに分けられます。まずは54ページ、133〜135ページの表をもとに、自分の生年月日から割り出してみてください。

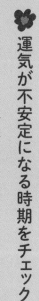

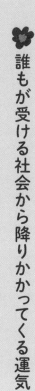

誰もが受ける社会から降りかかってくる運気

天中殺は社会から降りかかってくる運気です。ですから、極論をいえば、社会に出なければ天中殺の現象を受けることはありません。でも、社会とかかわりを持って生活する以上そうはいきません。天中殺とは逃れることのできない、〝宿命〟のようなものなのです。ただし、何に気をつければいいのかがわかれば、天中殺の現象を軽減させたり、避けたりすることができます。

天中殺の時期は、社会との摩擦を減らす意味で、受け身に徹したり、自分の言動を戒めたりすることが肝心です。自分の欲のために行動したり、新しいことをしたりしてもあまりうまくいかないと心しておきましょう。頑張っても努力が報われにくいときなので、それがわかっていればたとえ失敗しても心のダメージは少ないはずです。

天中殺を無難に過ごすためには、天中殺が来る前から風水生活を実践し、運気の貯蓄をすることで気を高めておくことです。本書にある運気に沿った生活をすることもそうですし、吉方位を使った神社参りやゆったりとしたスケジュールの旅行、また、住まいをきれいに掃除するなど、家の環境を整えることもよい運気の貯蓄になります。

年、月、日の3種の天中殺

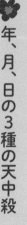

では、〝宿命〟ともいえる天中殺はいつやってくるのでしょうか？　天中殺には年の天中殺、月の天中殺、日の天中殺があり、12年に2年間やってくるのが年の天中殺、12か月に2か月間やってくるのが月の天中殺、12日に2日間めぐってくるのが日の天中殺です。めぐってくるタイミングも、6つの天中殺によって異なります。

3種の天中殺のうち、運気に一番大きく作用するのが年の天中殺です。年の天中殺のときに、人生の転機となるような選択をするのはおすすめできません。月の天中殺は2か月間と期間が短くなるので、天中殺の現象が集中することもあります。これらの2種の天中殺に比べると、日の天中殺は運気への影響は少ないといえます。とはいえ、いつもなら勝てる相手に負けてしまう、他人の尻ぬぐいをさせられてしまう、異常に忙しくなる、やる気がまったく出ない……といった影響が出ることもあります。日の天中殺は第4章にある各月のカレンダーに記載してあるので参考にしてください。

2024年は辰年で辰巳（たつみ）天中殺の人にとっては、年の天中殺にあたります。ライフスターごとの運気にかかわらず、辰巳天中殺の人は運気に影響を受けるでしょう。でも、自分のライフスターの運気が絶好調の頂上運の場合は、その運の強さが働いて天中殺の現象を軽減してくれることもあります。逆に運気が低迷する停滞運のときは、天中殺の影響が強く出やすいといえます。

年の天中殺がいつやってくるのかは、左の表でチェックしてください。前述しましたように、天中殺の現象を軽減することは可能です。年の天中殺がいつやってくるかを知ったら、ただ待つのではなく風水生活をきちんと実践して、天中殺に向けての準備をしっかりしておきましょう。

あなたの年の天中殺は？

2024年	辰	辰巳天中殺
2025年	巳	辰巳天中殺
2026年	午	午未天中殺
2027年	未	午未天中殺
2028年	申	申酉天中殺
2029年	酉	申酉天中殺
2030年	戌	戌亥天中殺
2031年	亥	戌亥天中殺
2032年	子	子丑天中殺
2033年	丑	子丑天中殺
2034年	寅	寅卯天中殺
2035年	卯	寅卯天中殺

天中殺の割り出し方

133～135ページの基数早見表で基数を探し、
誕生日を足して割り出します。

例 1980年5月15日生まれの場合

基数		誕生日の日にち		合計
10	+	15	=	25

基数は10で、生まれ日の15を足すと合計が25。右の表から、21～30の「午未天中殺」があなたの天中殺になります。合計が61以上になる場合は60を引いた数になります。

天中殺の早見表

1～10	戌亥天中殺
11～20	申酉天中殺
21～30	午未天中殺
31～40	辰巳天中殺
41～50	寅卯天中殺
51～60	子丑天中殺

♡子丑天中殺 ねうしてんちゅうさつ

子年と丑年が年の天中殺で、毎年12月と1月が月の天中殺です。月の天中殺以外では、毎年6月と7月は社会や周囲の応援が得られにくくなるので要注意。この天中殺の人は、他人のために進んで働くタイプ。目上の人の引き立ては少なく、自分自身で新しい道を切り開いていける初代運を持っています。目的に向かってコツコツ努力する大器晩成型です。

♡寅卯天中殺 とらうてんちゅうさつ

寅年と卯年が年の天中殺で、毎年2月と3月が月の天中殺です。月の天中殺以外では、毎年5月は社会からの支援が得られにくくなるので要注意。この天中殺の人は、失敗してもクヨクヨせず、6つの天中殺の中で一番パワフル。度胸はいいほうですが、少々大雑把(おおざっぱ)な性格です。若い頃から親元を離れて生きていく人が多いようです。

天中殺

♡辰巳天中殺 たつみてんちゅうさつ

辰年と巳年が年の天中殺で、毎年4月と5月が月の天中殺です。月の天中殺以外では、12月と1月は周囲の協力や支援を得にくく孤立しがちなので要注意です。この天中殺の人は、型にはまらず個性的で、いるだけで周囲に存在感をアピールできるタイプ。行動力は抜群で、苦境に立たされても乗り越えるたくましさを持っています。

♡午未天中殺 うまひつじてんちゅうさつ

午年と未年が年の天中殺で、毎年6月と7月が月の天中殺です。月の天中殺以外では、11月と12月は周囲の支援が得られないだけでなく、体調を崩しやすくなる時期。この天中殺の人は、冷静で情報収集が得意。先を見て行動する仕切り屋タイプが多いようです。困ったときには誰かが手を差し伸べてくれる運の強さを持っています。

♡申酉天中殺 さるとりてんちゅうさつ

申年と酉年が年の天中殺で、毎年8月と9月が月の天中殺です。月の天中殺以外では、社会からの支援や協力を得にくくなる4月と5月は言動に要注意。この天中殺の人は、ひとりで複数の役目をこなす働き者。でも、キャパを超えると右往左往することも。世の中の動きを素早くキャッチし、金運にも恵まれています。

♡戌亥天中殺 いぬいてんちゅうさつ

戌年と亥年が年の天中殺で、毎年10月と11月が月の天中殺です。月の天中殺以外では、毎年6月と7月はなんらかの環境の変化で悩むことが多くなる時期。この天中殺の人は、6つの天中殺の中で一番多くの試練に遭遇します。でも、自力で道を開き、周囲のエネルギーを自分のパワーに変えていける強さを持っています。

COLUMN 2

~2024年のラッキー家事~

音が出るアイテムと家電の手入れを

三碧木星の象意のひとつは音です。2024年は音が出るものを常にきれいにすると、よい情報が入りやすくなります。楽器やドアベルなどはホコリを払い、水拭きできるものは水拭きを毎日の掃除に組み入れましょう。

電気や振動も三碧の象意。キッチンにあるフードプロセッサーやブレンダー、コーヒーメーカー、電子レンジも汚れを残さないようにきれいに掃除してください。テレビ、ヘッドホン、スマホなど音にかかわる電化製品もホコリを残さないようにしましょう。

第4章
三碧木星の毎日の運気

2024年の運気

しっかり計画を立てて、新年をスタート

2024年は運気の土台となる基礎運からスタート。計画をしっかり立てて努力を続けると、先の見通しがついてきます。8月の頂上運に向かって運気は右肩上がりになりますが、9月にいったん落ち込みます。12月は一定の成果を得られ、出会いのチャンスに恵まれる開花運になります。

8月の頂上運は勝負運にも恵まれ、忙しく充実した日々を送ることができるでしょう。恋愛月となるのは2月と11月で、周囲から注目され、恋のチャンスに恵まれます。仕事で一定の実績をあげることができるのは5月の結実運です。ひとりで頑張るよりも、周囲のペースに合わせるようにすると物事がスムーズにいきます。また、心強い助っ人も現れ、あなたをサポートしてくれるでしょう。

気をつけたいのが9月の停滞運です。ここでしっかり休まないと年末にかけて運気

にかげりが出てしまいます。心身ともに休息し、内面磨きに時間を使いましょう。また、2か月間続く自分の月の天中殺には、争いごとは避け、受け身の姿勢で過ごすこと。

2024年の波動表

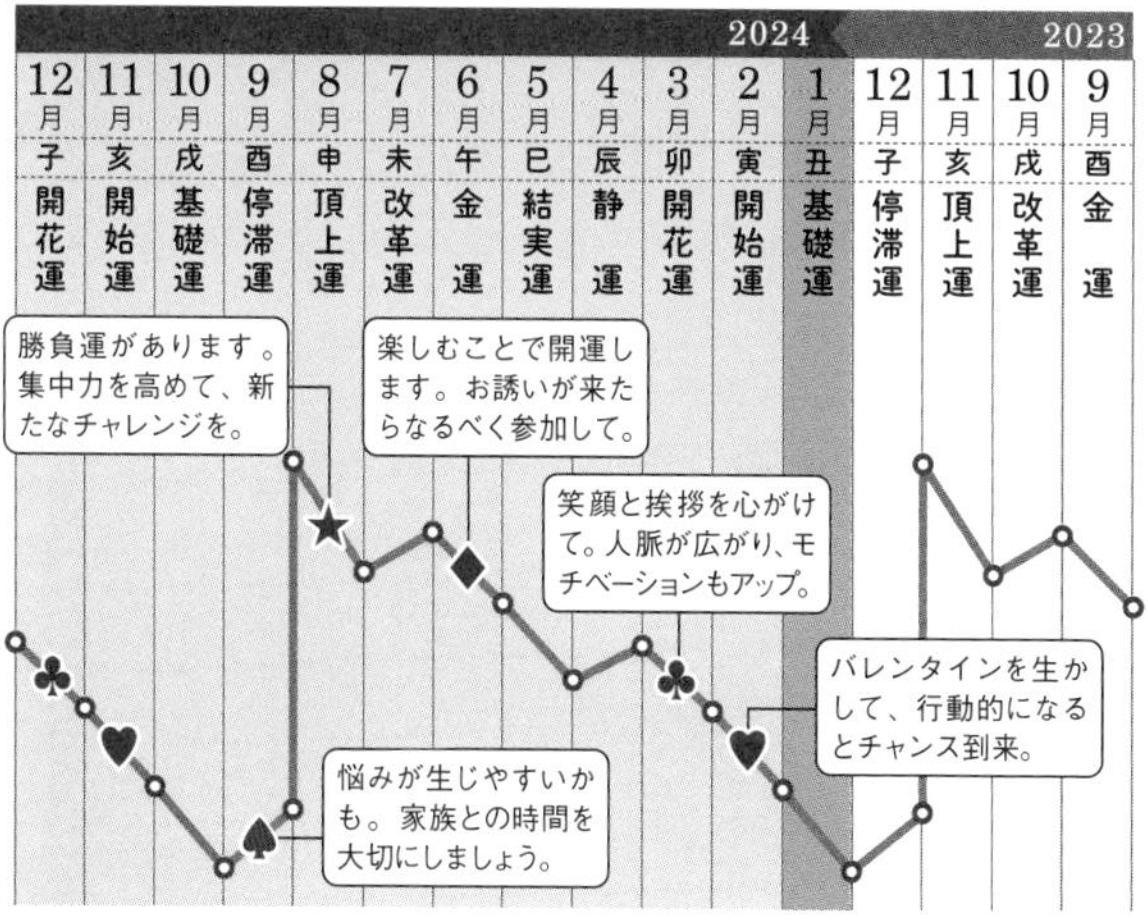
2024
2023
12月 子 開花運
11月 亥 開始運
10月 戌 基礎運
9月 酉 停滞運
8月 申 頂上運
7月 未 改革運
6月 午 金運
5月 巳 結実運
4月 辰 静運
3月 卯 開花運
2月 寅 開始運
1月 丑 基礎運
12月 子 停滞運
11月 亥 頂上運
10月 戌 改革運
9月 酉 金運
勝負運があります。集中力を高めて、新たなチャレンジを。
楽しむことで開運します。お誘いが来たらなるべく参加して。
笑顔と挨拶を心がけて。人脈が広がり、モチベーションもアップ。
バレンタインを生かして、行動的になるとチャンス到来。
悩みが生じやすいかも。家族との時間を大切にしましょう。

9つの運気

停滞運	芽吹きを待つといった冬眠期で、しっかり休んでエネルギーを充電したいリセット期。
基礎運	そろそろ活動しはじめることを考えて、足元をしっかり固めておきたい準備の時期。
開始運	種まきをするときで、物事のスタートを切るのに適している時期。
開花運	成長して花を咲かせるときなので、行動的になり、人との出会い運もアップします。
静　運	運気の波が安定するリセット期。外よりも家庭に目が向き、結婚に適した時期。
結実運	これまでの行動の成果が出るときで、社会的な地位が高まって仕事での活躍が光る時期。
金　運	努力が実を結ぶ収穫期で、金運に恵まれるとき。人付き合いも活発になります。
改革運	今一度自分と向き合いたい変革期。変化には逆らわず、身をまかせたいとき。
頂上運	運気の勢いが最高のとき。これまでの努力に対する結果が現れる、頂上の時期。

★ 強運、♠ 要注意、♥ 愛情運、♦ 金運、♣ 人間関係運

2023
September

9月

金運　2023.9.8 ～ 2023.10.7

人との交流が活発に。一定の緊張感を持って

好奇心のまま過ごし、充実した毎日を

運気の高まりを受け、交友関係が華やかになります。遊びの誘いが増えたと感じたら、それは運気の波にのっている証拠。心身の緊張を解き放ち、思い切り楽しみましょう。旅行やレジャーはもちろん、趣味の集まりなど、誘われたらできるだけ参加して。手に入れた人脈は新しいチャンスにつながり、お金では買えない財産となります。楽しく過ごすのはいいのですが、節度ある態度を忘れないように。相手を不快な気持ちにさせない会話術を身につけ、人間関係を円滑にしましょう。

気持ちが浮つき、いつもはしないようなミスをしがちです。プライベートを充実させながら、仕事への意欲をキープさせることが大切。公私のけじめをつけ、バランスのとれた生活を心がけましょう。

9月の吉方位	北東
9月の凶方位	北、南、東、西、北西、南西

北
北東
東
南東
南
南西
西
北西

2023 October
10月

改革運 2023.10.8 〜 2023.11.7

運気はリセット。休めるときは休んで

周囲の変化に抗(あらが)わず、受け身で過ごす

環境や人間関係に変化があり、対応に迫られることがありそうです。自分の努力ではどうにもならないので、流れに身をまかせましょう。運気そのものは悪くないので、いったん立ち止まり、向かうべき方向を再確認すること。周囲との関係も良好に保ち、波風を立てないようにしましょう。明るく賑やかなことが好きなあなたですが、派手な振舞いはなるべく控えてください。思うように動けなくてフラストレーションがたまったら、髪型やファッションでイメージチェンジをしたり、部屋の模様替えをしたりしましょう。

今月はスケジュール調整が開運の鍵。時間にゆとりを持ち、休むべきところはしっかり休みましょう。そして家族と過ごす時間を大切にしてください。

10月の吉方位 なし

10月の凶方位 北、南、東、西、北東、南東、南西

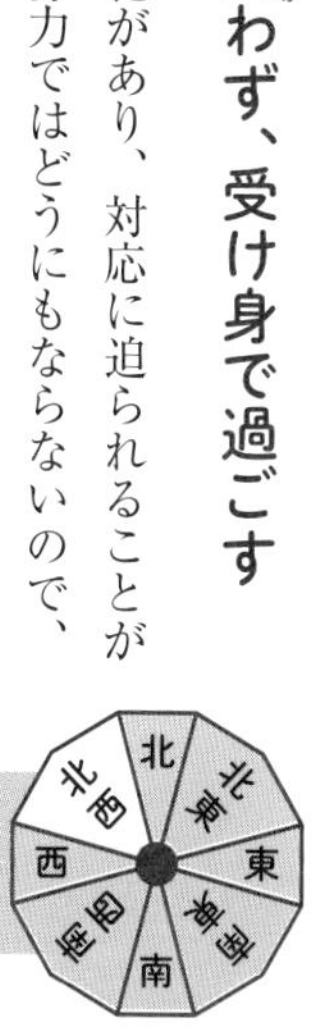
北
北東
東
南東
南
南西
西
北西

頂上運　2023.11.8 〜 2023.12.6

パワーに満ちた日。果敢にチャレンジを

2023 November

11月

❋前向きになり望むポジションをつかむ

努力が成果となって現れ、注目されます。パワーに満ちあふれ、どんなことでもうまくいきそうな勢いがあります。果敢に新しいことに取り組んで、さらなるステップアップを目指しましょう。頭の回転が速くエネルギッシュなあなたは、多少の困難も乗り切っていけるはずです。引き立て運もあり、重職にある人と知り合う機会が増え、新たなチャンスにも恵まれるでしょう。ここで築いた地位や名声は、今後のキャリアの土台を作ります。きちんとした服装を心がけ、基本的なビジネスマナーにのっとった振舞いをしてください。

忙しくなり周囲に目配りをする時間がなく、思いやりに欠けた言動をしがち。闘争心を剥き出しにすると、トラブルになるので、穏やかな気持ちを保ちましょう。

11月の吉方位	なし
11月の凶方位	北、南、東、北東、南東、南西

北
北東
東
南東
南
南西
西
北西

2023 December

12月

停滞運 2023.12.7 ～ 2024.1.5

現状維持でOK。穏やかに過ごして

動かず静観し、現状維持を心がけて

頑張るよりもお休みするとき。無理に動くとトラブルに見舞われ、余計に気持ちが落ち込んでしまいそうです。悩みごとが増えたとしても、時間が解決するのを待ちましょう。やるべきことに集中し、プライベートの時間を増やすようにしてください。気の合わない人には近づかないなどリスクを回避し、気持ちを穏やかに保つことも大切。部屋を整えることは運気に沿った過ごし方ですが、大掃除を頑張りすぎないように。少しずつ進めて、パワーは温存させてください。

エネルギーが低いので、体に不調が出やすくなっています。食事や睡眠など生活習慣を整え、必要なら病院を受診しましょう。仕事は早めに切り上げ、自分の内面を見つめる時間をたっぷりとってください。

12月の吉方位　北東、南西

12月の凶方位　北、南、東、西、北西、南東

北
北東
東
南東
南
南西
西
北西

2024 January

1月

基礎運 2024.1.6 〜 2024.2.3

（開運3か条）
- アクセサリーをつける
- 陶磁器を使う
- おしるこを食べる

❋これからの計画立案をしましょう

状況を分析し、計画を立てるべき運気です。2024年の目標を決め、実現可能なロードマップを描いてください。周囲の評価を求めず、目の前の課題に真摯に取り組みましょう。チームでの活動は苦手なあなたですが、目標達成のためにサポート役に徹してください。それがあなたの実力アップにつながります。技術の習得やスキルアップのための勉強もスムーズに進む運気。将来のためにあなたのスキルをバージョンアップさせましょう。

新年を迎え、スポーツジムに入会するのもおすすめです。また、こまめに動いて家事をこなすことも開運につながります。鏡開きをしておしるこを作ったり、新しいレシピにチャレンジしたりしましょう。泥つきの根菜を使うレシピがおすすめです。

1月の吉方位	南、東
1月の凶方位	北、西、北東、北西、南東、南西

北
北東
東
南東
南
南西
西
北西

この天中殺の人は要注意

子丑(ねうし)天中殺

上司や目上の人とのトラブルに注意してください。想像以上に解決に苦労しそう。信頼関係を維持する努力が必要です。また、交通事故にも要注意。車は丁寧に整備し、常に安全運転を心がけてください。

仕事運

与えられた課題をきちんとこなしましょう。これまで難なくこなしてきた業務も確認が必要かもしれません。理屈が先行しがちなあなたですが、周囲の人の意見をよく聞き、ルーティンワークも真剣に取り組んでください。資格の勉強を始めるといいでしょう。今後の運気の波にのるために守りに徹すること。

金運

キャッシュレス決済も細かくチェックし、大きな買い物を控えれば金運は安定します。目標達成に向け、今はコツコツと貯めておくとき。自炊やお弁当の持参などで日々の支出を減らしましょう。また、副収入を得る方法を模索するのもおすすめです。

愛情運

※子丑天中殺の人は新しい出会いは先にのばして

趣味やサークルの仲間など、身近な人が恋の相手になりそう。信頼できる上司や友人から良縁がもたらされるかもしれません。エネルギッシュなあなたですが、気になる人へのアプローチはゆっくりと。パートナーがいる人も先を急がないように注意して。初日の出を見にいくなど、ゆったりした時間を過ごしましょう。

1月のおそうじ風水 ▸ ベランダ。床を掃除し排水溝もチェック。

日	六曜／天中殺 祝日・歳時記	毎日の過ごし方 ★強運日 ♠要注意日 ♥愛情運 ◆金運 ♣人間関係運	吉方位	ラッキーカラー
1 月	赤口／子丑 元日	華やかな雰囲気の中で新年を迎えられます。挨拶はきちんと。	北東、南東	黄色
2 火	先勝／子丑	お酒はほどほどに。調子にのるとまわりから煙たがられそう。	東、西	銀色
3 水	友引／寅卯	金箔スイーツで優雅なティータイムを。家族と抱負を語って。	北西、南西	キャメル
4 木	先負／寅卯	頂き物が多くなりそう。お礼状はすぐ書くようにしましょう。	北、南西	銀色
5 金	仏滅／辰巳	想いと裏腹な発言はＮＧ。好きな曲を聴くと素直になれます。	北、南、南東	茶色
6 土	大安／辰巳 小寒	家事リストを作ると効率アップ。心に余裕が生まれます。	南、東	山吹色
7 日	赤口／午未	♠七草粥を食べ、心身ともにゆったりとした時間を過ごして。	北東、南西	水色
8 月	先勝／午未 成人の日	★仲間との絆が深まる日です。おしゃれして出かけましょう。	西、北西	紫
9 火	友引／申酉	論理的に考えてみると、周囲の変化にうまく対応できます。	北西	ピンク
10 水	先負／申酉	会食のお誘いが増えそう。仕事はおろそかにしないように。	北東、南東	赤
11 木	赤口／戌亥	どんなときもこまやかな気配りを。目上の人からの信頼がＵＰ。	東、西	水色
12 金	先勝／戌亥	双方が納得できる解決策を提案して。チーズ料理がラッキー。	北西、南西	黄色
13 土	友引／子丑	茶道を体験してみて。作法の奥深さに好奇心が刺激されそう。	北、南西	黄緑
14 日	先負／子丑	年下の友だちとライブを楽しんで。何事にも前向きになれます。	北、南、南東	ワインレッド
15 月	仏滅／寅卯	急いで支度をすると忘れ物をしそう。出かける前に確認を。	南、東	黒

16	火	大安／寅卯	予想外の展開でも冷静に。水を飲むと気分が落ち着きます。	北東、南西	紺色
17	水	赤口／辰巳	あらゆることを吸収できそう。苦手な分野の勉強に挑戦して。	西、北西	紫
18	木	先勝／辰巳 土用	気がかりなことは早めに対処を。上司と相談して進めると○。	北西	キャメル
19	金	友引／午未	通い慣れたお店で買い物をすると、出費をセーブできます。	北東、南東	黄色
20	土	先負／午未 大寒	忙しいほど充実感を味わえそう。副業を始めるのもいいかも。	東、西	青
21	日	仏滅／申酉	掃除をすると安定した日に。不用品はリサイクルショップへ。	北西、南西	クリーム色
22	月	大安／申酉	♣ 人脈を広げるチャンス。きれいに磨いた靴で出かけましょう。	北、南西	ペパーミントグリーン
23	火	赤口／戌亥	♥ 事前準備はしっかりと。積極的にアイデアを出すと人気者に。	北、南、南東	茶色
24	水	先勝／戌亥	確実にステップアップしています。パジャマを着て就寝を。	南、東	黒
25	木	友引／子丑	道路の段差に注意して。時間に余裕を持って行動しましょう。	北東、南西	水色
26	金	先負／子丑	勝負運あり。望むポジションをつかむには意欲的に動くこと。	西、北西	ベージュ
27	土	仏滅／寅卯	過去の決断で悩みそう。髪型をチェンジすると気分転換に。	北西	金色
28	日	大安／寅卯	◆ 話題のレストランで食事を楽しんで。笑顔が金運を刺激します。	北東、南東	赤
29	月	赤口／辰巳	予算オーバーに注意。何事もほどほどにしておくことが大切。	東、西	銀色
30	火	先勝／辰巳	しっかり朝食をとりましょう。プライベートを優先すると○。	北西、南西	キャメル
31	水	友引／午未	噂話はしないこと。付き合う相手は落ち着いて選びましょう。	北、南西	ペパーミントグリーン

＊祝日法の改正により、祝日や休日が一部変更になることがあります。

2024 February

2月

開始運 2024.2.4～2024.3.4

開運3か条
- みかんを食べる
- 花を飾る
- BGMをかける

❋恋も仕事もチャンスと見たら即行動を

思いがけないチャンスから新しい道が開けます。計画を行動に移すとき。タイミングを逃すことなく、スピーディーに動きましょう。ただし、準備不足ではうまくいきません。常に準備完了の状態を維持するように心がけましょう。エネルギッシュなあなたですが、臆病な一面もあります。不安を払拭するためにはきちんとした準備が必要。また、周囲の意見に左右されると、中途半端な形で終わります。

表面的には華やかな雰囲気に包まれます。テンションを上げたまま活動すると、失言から信用をなくす恐れも。誤解されそうな冗談は慎み、ゆっくりとわかりやすい言葉で話すようにしましょう。好きな音楽に囲まれて過ごすと心が安らぎ、よい気を呼び込めます。

2月の吉方位	北、南、南東
2月の凶方位	東、西、北東、北西、南西

北
北東
東
南東
南
南西
西
北西

この天中殺の人は要注意

寅卯天中殺

家族内でお墓や相続問題で誤解が生まれそう。特に母親やきょうだいには、誤解されないように丁寧な言葉で話し合うようにしてください。遅刻が大きなトラブルにつながるので注意しましょう。

仕事運

周囲からの信用が高まり、活躍の場が増えそう。アグレッシブに動き、運気の波にのりましょう。持ち前の発想力を発揮し、新しいアイデアを提案して。意欲も高まるので、さらにスキルが磨かれるでしょう。人の話はよく聞くこと。調子よく進むからと、なんでも安請け合いしないようにしましょう。

金運

行動範囲が広がり支出が増えますが、必要なお金は入ってくる運気。自分磨きや交際費にかかわる出費はOK。ただし、衝動買いは避けてください。ネットショッピングにツキがあるので、欲しいものはまずネットをチェックしてからにしましょう。

愛情運

※寅卯天中殺の人は新しい出会いは先にのばして

公私ともに交友関係が広がり、多くの出会いに恵まれます。バレンタイン月なので、意中の人にアプローチするのもいいでしょう。チャンスをつかんだとしても駆け引きしようとすると、うまくいかないので気をつけて。パートナーがいる人はコンサートなどで音楽を一緒に楽しむと、ふたりの絆がいっそう深まります。

2月のおそうじ風水 ▶ スマートフォン。画面をピカピカに磨いて。

日	曜	六曜／天中殺 祝日・歳時記	毎日の過ごし方 ★強運日 ♠要注意日 ♥愛情運 ◆金運 ♣人間関係運	吉方位	ラッキーカラー
1	木	先負／午未	やりたかったことにチャレンジ。新しい歯ブラシがラッキー。	北、南、南東	碧（深緑）
2	金	仏滅／申酉	賭けに出ると失敗しそう。何事も手堅い方法で進めましょう。	南、東	山吹色
3	土	大安／申酉 節分	豆まきや恵方巻きで邪気祓いしパワーをチャージしましょう。	北東、南西	水色
4	日	赤口／戌亥 立春	部屋の乾燥対策を。加湿器を新しくするならネット購入が○。	西、北西	オレンジ
5	月	先勝／戌亥	イライラしているかも。手作り弁当で栄養バランスを整えて。	北西	白
6	火	友引／子丑	◆これまでの努力が実りそう。支えてくれた人にお礼を伝えて。	北東、南東	赤
7	水	先負／子丑	明るく振舞うと職場にも活気が出そう。丁寧な電話対応が吉。	東、西	水色
8	木	仏滅／寅卯	八方塞がりかも。できるところから片づけて無理はしないで。	北西、南西	金色
9	金	大安／寅卯	♣友人と食事へ。思いもよらない有意義な情報が聞けるかも。	北、南西	青
10	土	先勝／辰巳	♥まわりから注目されそう。行動的になると恋を引き寄せます。	北、南、南東	ワインレッド
11	日	友引／辰巳 建国記念の日	嬉しい再会の予感。子ども時代を過ごした場所に足を運んで。	南、東	キャメル
12	月	先負／午未 振替休日	♠疑い深くなりそう。問い詰めるとトラブルになるのでNG。	北東、南西	黒
13	火	仏滅／午未	集中力が続かない日。気が散ったら太陽の光を浴びて深呼吸を。	西、北西	紫
14	水	大安／申酉 バレンタインデー	ヘアスタイルを変えてみると、素直に気持ちを伝えられます。	北西	黄色
15	木	赤口／申酉	お金の流れを見直して。やりくり上手な人にコツを聞くと○。	北東、南東	白

日	曜	六曜／空亡	運気	吉方位	ラッキーカラー
16	金	先勝／戌亥	パソコンのデータを整理して。気持ちがすっきりします。	東、西	銀色
17	土	友引／戌亥	家にある食材で作り置き料理を。フードロスをなくすと吉。	北西、南西	クリーム色
18	日	先負／子丑	コミュニケーションに関するセミナーに参加すると運気UP。	北、南西	黄緑
19	月	仏滅／子丑 雨水	音楽を聴きながら支度をするとモチベーションが上がります。	北、南、南東	茶色
20	火	大安／寅卯	重要な仕事をまかされそう。おにぎりを食べてポジティブに。	南、東	山吹色
21	水	赤口／寅卯	盗難の危険が。いつも以上に貴重品の管理を徹底しましょう。	北東、南西	紺色
22	木	先勝／辰巳	★責任者に選ばれるなど自分の成長を実感。身だしなみに注意。	西、北西	赤
23	金	友引／辰巳 天皇誕生日	頼みごとの返事は保留にするか引き受けないほうが無難です。	北西	ピンク
24	土	先負／午未	友人からの誘いは断らないで。おしゃれも忘れないように。	北東、南東	黄色
25	日	仏滅／午未	疲れたらペットショップへ。見ているだけで元気になりそう。	東、西	銀色
26	月	大安／申酉	やけを起こさないこと。残業はせず家族と過ごす時間を大切に。	北西、南西	金色
27	火	赤口／申酉	未知の分野に挑戦するチャンス。いろいろな人と対話して。	北、南西	青
28	水	先勝／戌亥	♥ゆったりとした雰囲気を漂わせると吉。早口にならないこと。	北、南、南東	ワインレッド
29	木	友引／戌亥	全体的にパッとしない日。流れに身をまかせてみましょう。	南、東	キャメル

2024 March

3月

開花運 2024.3.5 ～ 2024.4.3

開運3か条
- プレゼントを贈る
- ヘアスタイルを変える
- 靴の手入れをする

交友関係が開運の鍵を運ぶ

春の訪れとともに、花が開くような運気がめぐってきます。新たな出会いに恵まれ、交友関係が大きく広がりそう。遠方から吉報がもたらされる運気です。学生時代の友人に連絡をとってみるのもいいでしょう。チャンスは人が運んでくるもの。交友関係が広がることは、チャンスにも恵まれるということです。好き嫌いがはっきりしているあなたですが、少しストライクゾーンを広げてみましょう。ただし、付き合う人は、きちんと信頼できると思える人だけにしてください。

交友関係の広がりから、お付き合いに疲れを感じてしまうこともありそう。ストレスを感じたらハーブティーでひと休みしましょう。お香やアロマでお気に入りの香りに包まれるのもおすすめです。

3月の吉方位	北、南西
3月の凶方位	南、東、西、北東、北西、南東

北
北東
東
南東
南
南西
西
北西

PRESENT

『九星別ユミリー風水』16周年記念
読者プレゼント

読者の皆さまへ感謝の気持ちを込めて、
プレゼント企画を実施中です。

＼金運UP！／
招き猫

ゴールドのかわいらしい招福金運招き猫。
金運はもちろん、人を呼び込んで人気運もアップ。
玄関に向かって正面の位置
もしくは西の方角に置くと○。

A賞
招き猫
5名様

B賞
図書カード（1000円）
20名様

応募方法

大和書房ユミリーサイトへアクセス！
https://www.daiwashobo.co.jp/yumily/

ユミリープレゼント で検索

携帯電話はこちらから

応募フォームに必要事項をご記入のうえ、
ご希望の商品を選んでください。

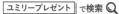

▶▶ 応募締め切り
2024年2月29日（木）

この天中殺の人は要注意

寅卯天中殺

友人からの頼まれごとは安請け合いすると後々大変なのですぐには引き受けないこと。また、不動産の物件探しや契約を結ぶのは避けたほうが無難。噂話に加わると、信頼を失うことにつながります。

仕事運

これまでの人脈が実を結び、仕事がスムーズに進みます。好奇心旺盛なあなた、イニシアティブをとり新しいことに挑戦しましょう。実力が認められ、責任ある仕事をまかされるようになりそう。笑顔で挨拶することを心がければ、よい結果につながるでしょう。ただし、好調なムードに強気になると、ピンチになります。

金運

送別会やお花見などイベントが多くなり、交際費が増えます。金運はスムーズですが、気が大きくなって散財してしまうかも。人脈づくりと思っていても、お金目当てで近寄ってくる人には気をつけて。コミュニケーション関連のセミナーや本には投資しましょう。

愛情運

※寅卯天中殺の人は新しい出会いは先にのばして

人との交流が増え、良縁に恵まれる可能性は大。普段から自分の理想をまわりの人に伝えておくと、素敵なご縁を運んでくれそう。気になる人がいるなら自分からアプローチしてみましょう。パートナーがいる人は離れている時間が長くなりがち。日本文化に触れる旅行を一緒に楽しむと、安定した関係を築けます。

3月のおそうじ風水 ▶ 玄関。三和土（たたき）を念入りに拭きお香を焚いて。

日	六曜／天中殺 祝日・歳時記	毎日の過ごし方 ★強運日 ♠要注意日 ♥愛情運 ◆金運 ♣人間関係運	吉方位	ラッキーカラー
1 金	先負／子丑	♠心の休息が必要なとき。無理をせずに家でゆっくり過ごして。	北東、南西	白
2 土	仏滅／子丑	隠しごとが明るみに。窓ガラスを磨くと冷静に対処できそう。	西、北西	赤
3 日	大安／寅卯 桃の節句（ひな祭り）	ひな祭りのちらし寿司にいくらを添えると運気が安定します。	北西	ピンク
4 月	赤口／寅卯	集中して仕事に取り組めます。ランチを豪華にすると○。	北東、南東	黄色
5 火	先勝／辰巳 啓蟄	願っていた成果を手にできるかも。でも強気はトラブルのもと。	東、西	銀色
6 水	友引／辰巳	やることが山積みで予定が重複しそう。アラームを設定して。	北西、南西	金色
7 木	先負／午未	進行状況やメールはこまめにチェック。昼食はパスタが吉。	北、南西	青
8 金	仏滅／午未	通勤のとき音楽を聴くと気持ちが前向きに。音漏れには注意。	北、南、南東	ワインレッド
9 土	大安／申酉	結果を求めないこと。人に会うときは手土産を用意して。	南、東	キャメル
10 日	友引／申酉	不満を口にすると大問題に発展。静かに過ごすのが得策です。	北東、南西	白
11 月	先負／戌亥	明暗が分かれますが冷静になって。契約書はきちんと確認を。	西、北西	赤
12 火	仏滅／戌亥	残業はしないこと。山の写真や動画を見ながらリラックス。	北西	ピンク
13 水	大安／子丑	◆華やかな場所にツキあり。ブレスレットをすると金運UP。	北東、南東	黄色
14 木	赤口／子丑 ホワイトデー	パートナーと特別な時間を。夜景がきれいなレストランが○。	東、西	青
15 金	先勝／寅卯	生活リズムが乱れているかも。ホットヨーグルトがおすすめ。	北西、南西	クリーム色

16	土	友引／寅卯	人間関係にトラブルが。気球の写真を待ち受けにすると吉。	北、南西	黄緑
17	日	先負／辰巳 彼岸入り	考えるよりまず行動。好きな人からのお誘いには即返事を。	北、南、南東	赤
18	月	仏滅／辰巳	調子が出ない日。コットンのパジャマを着ると運気の貯蓄に。	南、東	キャメル
19	火	大安／午未	周囲との温度差を感じそう。焦ると孤立するのでじっと我慢。	北東、南西	黒
20	水	赤口／午未 春分の日	★身だしなみを整えてお墓参りへ。幸せはみんなと分かち合って。	西、北西	紫
21	木	先勝／申酉	急いで新しいことに着手しないこと。予定に余裕を持たせて。	北西	黄色
22	金	友引／申酉	臨時収入があるかも。話題のお店で自分へご褒美スイーツを。	北東、南東	赤
23	土	先負／戌亥 彼岸明け	欲を出すとうまくいきません。名所旧跡めぐりで癒されると○。	東、西	水色
24	日	仏滅／戌亥	家でのんびり過ごして。植物の手入れをして運気を底上げ。	北西、南西	金色
25	月	大安／子丑	♣ニュースをチェックすると○。初対面の人と会話が弾みそう。	北、南西	ペパーミントグリーン
26	火	赤口／子丑	♥グループ行動をすると出会いに恵まれます。失言には要注意。	北、南、南東	茶色
27	水	先勝／寅卯	張り切りすぎて足手まといに。ベッドメイクして出かけて。	南、東	キャメル
28	木	友引／寅卯	家族と協力して片づけを。水回りをきれいにしておくと○。	北東、南西	紺色
29	金	先負／辰巳	あいまいな態度はとらないで。自信を持って決断すること。	西、北西	ベージュ
30	土	仏滅／辰巳	気分をリセットしたいならインテリアに春らしいアイテムを。	北西	ピンク
31	日	大安／午未	◆友だちとレジャーを楽しみましょう。笑顔でいると開運に。	北東、南東	金色

2024
April
4月

静運 2024.4.4 ～ 2024.5.4

（開運3か条）
- 冷蔵庫の整理をする
- 部屋の模様替えをする
- お年寄りを大切にする

❋八方塞がりを感じたらひとりの時間を

新しいことに挑戦するより、安定を求めたくなります。無理をせず、気持ちのままに静かに過ごしましょう。今月は仕事よりプライベートを優先させてください。生活習慣の見直しをするといいとき。規則正しい生活を心がけ、エネルギーを充電しましょう。

自分の力を過信して無理をすると、八方塞がりになり身動きがとれなくなります。欲張らず、周囲のアドバイスは素直な気持ちで聞いてください。急なスケジュール変更から想定外の事態に陥ることも。何事もほどほどで満足することが大切です。

気持ちが落ち着かないときは部屋の中央に座り、深呼吸を。ネガティブな言葉は家の中の気を乱すので、なるべく口にしないようにしましょう。

4月の吉方位	南西、北北西
4月の凶方位	北、南、東、西、北東、南東、西北西

北
北東
東
南東
南
南西
西
西北西
北北西

この天中殺の人は要注意

辰巳天中殺

落雷に遭ったような衝撃的なことが起きそう。かなり体力を消耗するので、柑橘類でビタミンC補給を心がけてください。詐欺に遭いやすい運気になります。十分に注意してください。

仕事運

判断力が鈍り、ケアレスミスを起こしがち。不用意に動いたり、新しいことに着手したりするとうまくいきません。周囲とのコミュニケーションを大切にして、まわりに意見を求めながら謙虚な姿勢で過ごしましょう。特に、営業は失敗しやすいので要注意。仕事は早めに切り上げ、プライベートを充実させると運気は整います。

金運

日頃のストレスを買い物で解消しようとするのはやめましょう。食材の買い物などもセール情報をチェックし、リストを作ってからに。生活にかかる費用を見直し、出費をセーブしてください。不用品を片づけ、フリマアプリなどに出品すればお小遣いになるかも。

愛情運

運気は安定していますが、新しい出会いは期待できません。意中の人に接するときも、うまくコミュニケーションがとれず、悲しい思いをしてしまうかも。駆け引き上手なあなたですが、無理に動くとスキャンダルに巻き込まれそう。プライベートを充実させ、自分磨きをしましょう。パートナーとはおうちデートを楽しんで。

4月のおそうじ風水 ▶ キッチンのゴミ箱。外側やふた裏もきれいに。

日	六曜／天中殺 祝日・歳時記	毎日の過ごし方 ★強運日 ♠要注意日 ♥愛情運 ◆金運 ♣人間関係運	吉方位	ラッキーカラー
1 月	赤口／午未	頑張りすぎてダウンしそう。近距離でもタクシーを使って。	東、西	青
2 火	先勝／申酉	心にゆとりを持つと運気が安定。朝食はチーズトーストが◯。	北西、南西	クリーム色
3 水	友引／申酉	♣周囲の協力が得られそう。感謝は言葉にして伝えるように。	北、南西	銀色
4 木	先負／戌亥 清明	テンションが上がって空回り。スマホの置き忘れに注意して。	北、南、南東	ワインレッド
5 金	仏滅／戌亥	後輩の指導は誠実に。協力して問題解決に取り組みましょう。	南、東	山吹色
6 土	大安／子丑	普段会えない友人に手紙を書くと穏やかな気持ちになれます。	北東、南西	黒
7 日	赤口／子丑	勝負運があるので大胆に挑戦。アクセサリーにこだわると◯。	西、北西	ベージュ
8 月	先勝／寅卯	環境の変化でバテぎみ。ステーキを食べてエネルギー補給。	北西	黄色
9 火	先負／寅卯	春らしい服装で出かけて。日常に華やぎをプラスすると吉。	北東、南東	白
10 水	仏滅／辰巳	上司から仕事ぶりを褒められるかも。でも自信過剰はNG。	東、西	銀色
11 木	大安／辰巳	先走らないこと。まわりの意見を聞いてから行動しましょう。	北西、南西	キャメル
12 金	赤口／午未	人付き合いが増えてストレスに。ハーブティーでリラックス。	北、南西	青
13 土	先勝／午未	♥素敵な出会いの予感。シトラス系の香水が幸運のお守りです。	北、南、南東	碧（深緑）
14 日	友引／申酉	ごみ拾いなどのボランティアに参加すると、いい気分転換に。	南、東	山吹色
15 月	先負／申酉	♠何事も欲張ると状況が悪くなりそう。現状維持を心がけて。	北東、南西	白

16	火	仏滅／戌亥 土用	仕事は集中して取り組んで。メイク直しはこまめにすること。	西、北西	オレンジ
17	水	大安／戌亥	頼まれごとは考えてから返事を。余裕がないなら断ってOK。	北西	ピンク
18	木	赤口／子丑	◆友人との何気ない会話に、お金に関するいい情報があるかも。	北東、南東	金色
19	金	先勝／子丑 穀雨	活気にあふれる日。ファッションはエレガントにまとめて。	東、西	白
20	土	友引／寅卯	衝動買いで収支のバランスを崩さないで。コイン貯金が吉。	北西、南西	黄色
21	日	先負／寅卯	友だちとパスタが評判のお店へ。会話も弾んで楽しめそう。	北、南西	ペパーミントグリーン
22	月	仏滅／辰巳	準備不足なことには手を出さないで。本やネットで情報収集を。	北、南、南東	赤
23	火	大安／辰巳	疲れたら植木や花壇の近くで深呼吸。パワーをもらえます。	南、東	山吹色
24	水	赤口／午未	計画通りにはいかなそう。抵抗するより流れに身をまかせて。	北東、南西	紺色
25	木	先勝／午未	★おしゃれな文房具を使うとモチベーションがさらにUP。	西、北西	ベージュ
26	金	友引／申酉	慎重に行動して。面倒でもダブルチェックを心がけましょう。	北西	キャメル
27	土	先負／申酉	仕事仲間にご馳走すると○。無理はせず予算内でスマートに。	北東、南東	金色
28	日	仏滅／戌亥	強気な発言や態度はトラブルのもと。ゆったりかまえて。	東、西	白
29	月	大安／戌亥 昭和の日	年長者の手助けを。目からうろこなアイデアが聞けるかも。	北西、南西	クリーム色
30	火	赤口／子丑	噂がひとり歩きしそう。大げさな表現は使わないようにして。	北、南西	青

2024
May
5月

結実運 2024.5.5 ～ 2024.6.4

（開運3か条）
- ドライブをする
- 帽子のおしゃれをする
- 腕時計をする

❋運気は好転中、全力で前進を！

心身ともにパワーにあふれ、全力で前進できます。仕事も忙しく、多忙な毎日になるでしょう。物事はスムーズに進みますが、独走してはいけません。強い自己主張をすると、周囲から浮いてしまいます。円満な形で物事を進めることが大切です。

今月は目先の利益にとらわれず、本質を見極めるように心がけると、起業家や経営者と知り合うチャンスがめぐってきます。ＧＷは博物館や美術館で教養を深めるようにしましょう。

忙しく、プライベートな時間がなかなかとれません。ストレスを感じたら、ホテルのラウンジや高級住宅街にあるおしゃれなカフェで、アフタヌーンティーを楽しむのがおすすめです。

5月の吉方位	なし
5月の凶方位	北、南、北東、北西、南東、南西

北
北東
東
南東
南
南西
西
北西

この天中殺の人は要注意

辰巳天中殺

油断が大きなミスにつながります。どんなことも手を抜かず、ダブルチェックを忘れないように。頑固になると、身動きがとれなくなります。相談ごとは実母か、子どもを持つ女性の友人に。

仕事運

エネルギッシュに動けるとき。段取りを決めてから行動しましょう。あなたの発想力が生かされ、新しいチャレンジができるかも。引き立て運もあるので、昇進のチャンスもめぐってきます。調子がよくても、謙虚な気持ちを忘れないこと。パソコンまわりを片づけ、パソコンにたまったデータやメールを整理すると気が整います。

金運

仕事への熱意が金運につながり、収入アップや臨時収入を期待できます。ただし、余裕があるからと好きなように使っていると、すぐに底をついてしまうので要注意です。買い物は値段より品質を重視しましょう。予算を決め、その範囲内で収めること。

愛情運

※辰巳天中殺の人は新しい出会いは先にのばして

仕事が忙しく、恋愛に時間を割く余裕はないかもしれません。運気そのものは悪くないので、情報のアンテナは張っておきましょう。上司からの紹介など、仕事をきっかけにした新しい出会いに恵まれそうです。パートナーがいる人は、ゴールデンウィークを利用して名所旧跡を訪れるなど、一緒にいる時間をつくりましょう。

5月のおそうじ風水 ▸ 仕事部屋。余分なものを処分し、机を拭く。

日	六曜／天中殺 祝日・歳時記	毎日の過ごし方 ★強運日 ♠要注意日 ♥愛情運 ◆金運 ♣人間関係運	吉方位	ラッキーカラー
1 水	先勝／子丑 八十八夜	♥ 気になる人と急接近。オルゴールの音色で運気を上昇させて。	北、南、南東	ワインレッド
2 木	友引／寅卯	最新の調理家電を手に入れると、時短になり心にも余裕が。	南、東	山吹色
3 金	先負／寅卯 憲法記念日	♠ エネルギーが低下。使った食器類は洗ってから出かけること。	北東、南西	水色
4 土	仏滅／辰巳 みどりの日	自然の中でピクニックランチを。太陽の下で元気を充電して。	西、北西	紫
5 日	大安／辰巳 こどもの日 立夏	柏餅を食べて端午の節句のお祝いを。しょうぶ湯で運気回復。	北西	ピンク
6 月	赤口／午未 振替休日	人のためにお金を使うといい日。家族や友人にプレゼントを。	北東、南東	赤
7 火	先勝／午未	突然の仕事にも柔軟に対応して。上司からの信頼を得られそう。	東、西	銀色
8 水	仏滅／申酉	対立したらいったん引いて。時間を置いてから話し合いを。	北西、南西	黄色
9 木	大安／申酉	♣ 人脈のおかげで物事が順調に。すぐに報告とお礼の連絡を。	北、南西	黄緑
10 金	赤口／戌亥	パートナーと話題のレストランへ。充実したひとときに。	北、南、南東	茶色
11 土	先勝／戌亥	土に触れると癒されそう。陶器づくりなどに没頭すると◯。	南、東	黒
12 日	友引／子丑 母の日	母親への感謝を手紙にすると、いっそう思いが伝わります。	北東、南西	紺色
13 月	先負／子丑	率先して動くと周囲から一目置かれるかも。手鏡を持ち歩いて。	西、北西	ベージュ
14 火	仏滅／寅卯	イライラが態度に出ないように、スケジュールを上手に調整。	北西	キャメル
15 水	大安／寅卯	◆ 仕事関係のお誘いは断らないで。出費以上の収穫があるかも。	北東、南東	金色

16	木	赤口／辰巳	望みが叶うかも。朝ご飯をしっかり食べてチャンスに備えて。	東、西	白
17	金	先勝／辰巳	チームワークを大切に。みんなの意見をうまく集約すると○。	北西、南西	クリーム色
18	土	友引／午未	言い争いは自分から謝って。お香を焚くと未然に防げそう。	北、南西	青
19	日	先負／午未	神経が高ぶっていそう。新茶を飲んでリラックスしましょう。	北、南、南東	碧（深緑）
20	月	仏滅／申酉 小満	前に出ようとせず、与えられた役割をしっかりこなすこと。	南、東	山吹色
21	火	大安／申酉	焦らずじっくり考えて。トラブルへの対処法がひらめきます。	北東、南西	水色
22	水	赤口／戌亥	★新しいことに挑戦。これまでの経験や知識が役に立つかも。	西、北西	赤
23	木	先勝／戌亥	周囲が何かと気になりそう。ひとりで作業できる場所を確保。	北西	白
24	金	友引／子丑	無責任な行動は信用を失います。お酒の飲みすぎには注意。	北東、南東	黄色
25	土	先負／子丑	普段あまり話さない先輩に相談するとよい助言がもらえます。	東、西	青
26	日	仏滅／寅卯	生活習慣を見直しましょう。テーブルの中央に花を飾ると吉。	北西、南西	キャメル
27	月	大安／寅卯	♣社交の場を訪れるといい出会いがありそう。名刺の整理を。	北、南西	ペパーミントグリーン
28	火	赤口／辰巳	努力が報われるかも。自発的に動くことが開運への鍵です。	北、南、南東	ワインレッド
29	水	先勝／辰巳	余計なひと言で気まずい空気に。ゆっくり丁寧に話すと○。	南、東	黒
30	木	友引／午未	置き忘れや紛失に用心。持ち物は必要最低限にしましょう。	北東、南西	紺色
31	金	先負／午未	楽しもうとするといい仕事ができそう。真剣さは忘れないで。	西、北西	オレンジ

2024
June

6月

金運 2024.6.5〜2024.7.5

開運3か条
- グルメを楽しむ
- 笑顔を忘れない
- 趣味を楽しむ

楽しむことが開運の鍵に

友人や仲間たちと、レジャーや趣味を楽しめます。気の合う仲間はもちろん、新しく出会った人とも積極的に交流してください。人間関係の輪が広がり、嬉しいことや楽しいことが、あなたの身のまわりにあふれることでしょう。話題のレストランやスイーツショップに行くのもおすすめ。楽しむことで運気の波にのることができます。ただし、調子にのって仕事をおろそかにすると、運気の後押しはありません。オンとオフのけじめを忘れないことを肝に銘じてください。

人との出会いは第一印象で決まると言われます。今月は特に笑顔がポイントになります。少し口角を上げ、白い歯で笑顔を絶やさないように。そのためにもデンタルケアは念入りにしましょう。

6月の吉方位	北東、南東
6月の凶方位	北、南、東、西、北西、南西

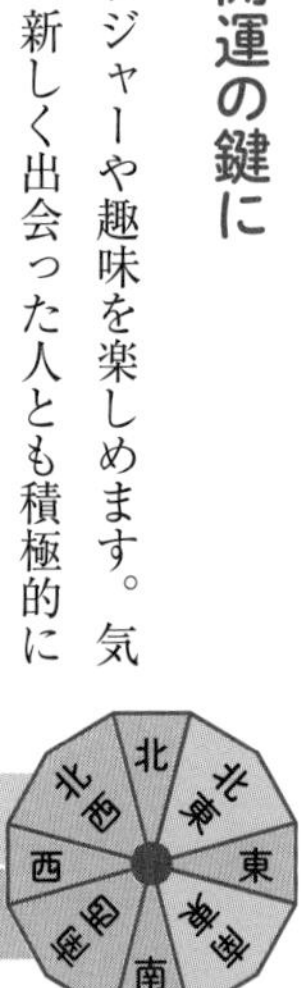
北
北東
東
南東
南
南西
西
北西

この天中殺の人は要注意

午未天中殺

子どもや部下に関するアクシデントが起きそう。助けを求めても、応えてくれる人は少ないかもしれません。思い込みで行動すると、周囲の信頼を失うことになります。静かに過ごすように努めて。

仕事運

どんな仕事にも自信を持って取り組みましょう。情報収集力を発揮すれば、新たなチャンスをつかむことができそうです。嫌味のない自己アピールなら、周囲からの信頼を獲得できます。ただし、プライベートが充実するので、気を引き締めることが大切。数字を扱う際はダブルチェックをするなど、慎重になりましょう。

金運

人との交流が活発になり、レジャーや会食などの出費が増えます。富裕感を味わうことで発展する運気なので、収支の管理がきちんとできれば問題ありません。買い物は見栄を張らず、本当に必要なものだけを選びましょう。お金の貸し借りは少額でもNGです。

愛情運 ※午未天中殺の人は新しい出会いは先にのばして

多くの人と出会う機会に恵まれ、恋のチャンスも期待できます。アプローチされることもありますが、高望みをしているとせっかくのご縁を逃してしまうかも。お付き合いするなら同じ価値観を持っている人を選びましょう。パートナーがいる人は誠実に向き合うこと。会えないときも連絡はまめにとり合いましょう。

6月のおそうじ風水 ▶ **ジュエリー。お手入れをして、見せる収納を。**

日	六曜／天中殺 祝日・歳時記	毎日の過ごし方 ★強運日 ♠要注意日 ♥愛情運 ◆金運 ♣人間関係運	吉方位	ラッキーカラー
1 土	仏滅／申酉	自分自身と向き合って。山に登ると気分をリセットできます。	北西	ピンク
2 日	大安／申酉	◆ブランド品を購入してOK。自己投資と思って良質なものを。	北東、南東	金色
3 月	赤口／戌亥	チームで動くとよい結果に。お菓子を差し入れすると◯。	東、西	銀色
4 火	先勝／戌亥	前進するとライバル視されそう。目立つ行動は控えましょう。	北西、南西	黄色
5 水	友引／子丑 芒種	キャパオーバーかも。頼まれごとはすぐに引き受けないこと。	北、南西	黄緑
6 木	大安／子丑	♥発想の転換がスムーズに。苦手だったことにチャレンジして。	北、南、南東	茶色
7 金	赤口／寅卯	ケアレスミスに注意。サポートに回ったほうがいいかも。	南、東	山吹色
8 土	先勝／寅卯	心がざわつきがちな日。湯船にゆっくり浸かると癒されます。	北東、南西	黒
9 日	友引／辰巳	有力者に会うかも。服装や爪をきれいに整えておきましょう。	西、北西	ベージュ
10 月	先負／辰巳 入梅	リスクは避けるように。ライフスタイルを見つめ直すと◯。	北西	キャメル
11 火	仏滅／午未	緊張感を持って人と接すること。疲れたらカフェで息抜きを。	北東、南東	黄色
12 水	大安／午未	やりたい企画は積極的に上司に提案して。すんなり通りそう。	東、西	白
13 木	赤口／申酉	ひとつのことに集中すれば成功します。手作り弁当が吉。	北西、南西	クリーム色
14 金	先勝／申酉	♣アドバイスが必要なら友人に連絡して。お礼にプチギフトを。	北、南西	ペパーミントグリーン
15 土	友引／戌亥	ドアを静かに閉めるなど、音に気をつけると恋愛運がアップ。	北、南、南東	ワインレッド

16	日	先負／戌亥 父の日	父親に感謝を込めて、地元の野菜を使った料理でおもてなし。	南、東	山吹色
17	月	仏滅／子丑	♠ 問題には慎重に対応を。新品のタオルハンカチを持ち歩くと吉。	北東、南西	黒
18	火	大安／子丑	★ 活躍の場が広がりそう。身だしなみには十分に気をつけて。	西、北西	赤
19	水	赤口／寅卯	思い込みや持論に執着しないように。柔軟な発想が大切です。	北西	ピンク
20	木	先勝／寅卯	取引や買い物で損をしそう。冷静に考えて行動しましょう。	北東、南東	白
21	金	友引／辰巳 夏至	高級感のある名刺入れに替えて。仕事に対する向上心がUP。	東、西	銀色
22	土	先負／辰巳	収支のバランスは崩さないこと。セール情報をチェックして。	北西、南西	黄色
23	日	仏滅／午未	出会いが増えて気疲れしそう。靴を磨くと心がすっきりします。	北、南西	青
24	月	大安／午未	♥ 恋のチャンスを逃さないで。植物や花のある場所がラッキー。	北、南、南東	赤
25	火	赤口／申酉	なりたい自分の姿をイメージして、焦らず努力を続けると○。	南、東	クリーム色
26	水	先勝／申酉	慣れた仕事にも苦労しそう。平常心を保つようにしましょう。	北東、南西	紺色
27	木	友引／戌亥	何事も全力投球。はっきりと意思表示したほうが好印象に。	西、北西	オレンジ
28	金	先負／戌亥	後回しにしてきたことに着手して。トラブルを回避できそう。	北西	金色
29	土	仏滅／子丑	胃腸が弱っているかも。冷蔵庫にある食材でスープを作って。	北西	キャメル
30	日	大安／子丑	★ 先入観にとらわれずチャレンジ。おしゃれをして出かけると吉。	西、北西	オレンジ

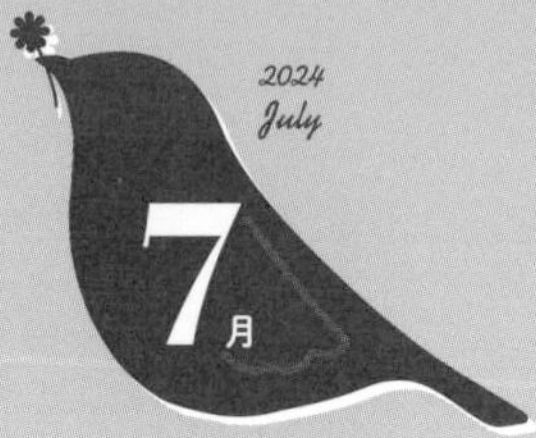
2024
July
7月

改革運 2024.7.6 ～ 2024.8.6

開運3か条

- 雑貨を買う
- チーズを食べる
- 整理整頓をする

変化の波に身をまかせること

思いがけない変化が起きます。望まない変化でも抗わず、流れに身をまかせましょう。2024年も折り返し地点を過ぎました。原点に戻って足元を見つめ、これまでの歩みを再確認してください。承認欲求を満たしたくなり、オリジナリティーを発揮しようとすると逆効果に。ライバル心も持たないことが重要です。今月の判断基準は「安全性」です。何かを決めるときはリスクの少ないほうを選ぶようにしましょう。

電話で家族の声を聞きながら、お盆のお墓参りの相談をして。お寺の法要やイベントに参加するとよい気を呼び込めます。また、継承や相続の相談をするにはいい運気になります。家族と会うときは、手土産を忘れないようにしましょう。

7月の吉方位	北北西
7月の凶方位	北、南、東、西、北東、南東、南西

北
北東
東
南東
南
南西
西
西北西
北北西

この天中殺の人は要注意

午未天中殺

うま ひつじ

思いもよらない事態に慌てそうです。状況は静かに受け入れるしかありません。契約書や委任状の記入は、他の人のチェックを受けること。不満を口にするとさらに運気が下がるので注意してください。

仕事運

異動など環境に変化があり、周囲に振り回されることが増えそうです。自分から動いてもうまくいかないので、柔軟に対応し、いったん受け入れて。空気を読んで、やるべきことに集中すれば大きな問題は起きないでしょう。スケジュールを調整し、なるべくプライベートの時間を多くとるようにすると気が整います。

金運

大きな買い物は避け、貯蓄は安全性重視で。ただし省エネ家電の購入はOKです。何気なく使っているキャッシュレス決済も1週間単位で確認すること。使っていないポイントカードや古いレシートは処分し、お財布の中は常にすっきりさせておきましょう。

愛情運

人間関係に変化がありますが、新しい出会いは期待できないかも。自分から動くよりも、流れに身をまかせるほうが良縁に恵まれます。髪型やファッションのイメージチェンジをして、次のチャンスに備えましょう。パートナーがいる人はネガティブな言葉をぶつけないように。一緒に自然のある場所に出かけ、リフレッシュして。

7月のおそうじ風水 ▶ **引き出しの中を整理し、水拭きして。**

日	六曜／天中殺 祝日・歳時記	毎日の過ごし方 ★強運日 ♠要注意日 ♥愛情運 ◆金運 ♣人間関係運	吉方位	ラッキーカラー
1 月	赤口／寅卯 半夏生	疲れやすい日。タコの梅肉和えを食べると運気が回復します。	北東、南西	白
2 火	先勝／寅卯	メールの添付忘れに気をつけて。確認作業を怠らないこと。	南、東	黒
3 水	友引／辰巳	♥まわりから注目されそう。いい香りを漂わせると恋愛力UP。	北、南、南東	茶色
4 木	先負／辰巳	暑中見舞いのハガキを準備。交友関係を広げるきっかけに。	北、南西	黄緑
5 金	仏滅／午未	相手の意見をしっかり聞いて。不要な争いを避けられます。	北西、南西	黄色
6 土	赤口／午未 小暑	社交的になると楽しく過ごせます。日傘を持って出かけて。	東、西	青
7 日	先勝／申酉 七夕	◆ホームパーティーを開くと○。七夕そうめんでおもてなしを。	北東、南東	赤
8 月	友引／申酉	よく見せようと背伸びしてしまいそう。自分らしさを大切に。	北西	ピンク
9 火	先負／戌亥	アイデアがひらめくかも。好奇心のおもむくままに行動してOK。	西、北西	ベージュ
10 水	仏滅／戌亥	♠夜はお気に入りの音楽を聴いて、運気を回復させましょう。	北東、南西	紺色
11 木	大安／子丑	整理整頓とスケジュールの見直しがツキを呼ぶポイントに。	南、東	クリーム色
12 金	赤口／子丑	始めたら最後までやり抜くこと。ラジオをBGMにしてみて。	北、南、南東	碧（深緑）
13 土	先勝／寅卯	♣飛行機の音がしたら空を見上げて。清々しい気分になれます。	北、南西	ペパーミントグリーン
14 日	友引／寅卯	残り物でリメイク料理を。家族で楽しくメニューを考えると○。	北西、南西	金色
15 月	先負／辰巳 海の日	イベントに参加して。軍資金を用意しておくと楽しめます。	東、西	水色

日	曜	六曜・干支	運気	方位	色
16	火	仏滅／辰巳	安請け合いはしないこと。責任感を持って行動しましょう。	北東、南東	白
17	水	大安／午未	小さなことで悩むかも。お寺のアプリをDLすると癒しに。	北西	キャメル
18	木	赤口／午未	★勢いにのって前進。日差しを浴びると万事うまくいきます。	西、北西	オレンジ
19	金	先勝／申酉 土用	反論しても意味がないので、心ない言葉は聞き流しましょう。	北東、南西	黒
20	土	友引／申酉	家電の購入に適した日。比較検討してベストなものを選んで。	南、東	山吹色
21	日	先負／戌亥	パートナーとの写真を枕元に飾って。信頼関係が深まります。	北、南、南東	赤
22	月	仏滅／戌亥 大暑	誤解をされるような受け答えはしないで。風鈴を吊るすと吉。	北、南西	青
23	火	大安／子丑	残業にならないように予定を調整。プライベート優先でOK。	北西、南西	黄色
24	水	赤口／子丑	目が回りそうな忙しさでパワーダウン。うなぎを食べて充電。	東、西	銀色
25	木	先勝／寅卯	◆華やかな雰囲気を演出して。キラキラした小物がGOOD。	北東、南東	金色
26	金	友引／寅卯	エアコンの設定温度を高めにするなど省エネに取り組むと◯。	北西	ピンク
27	土	先負／辰巳	海辺をドライブ。おしゃれなサングラスで気分を盛り上げて。	西、北西	紫
28	日	仏滅／辰巳	♠お肌のスペシャルケアなど、自分の時間を大切にしましょう。	北東、南西	水色
29	月	大安／午未	スポーツ観戦でストレス発散。思いきり応援して楽しんで。	南、東	黒
30	火	赤口／午未	活動的になると運気UP。早起きして予定をこなしましょう。	北、南、南東	ワインレッド
31	水	先勝／申酉	♣人とのつながりからヒントが。昼食は麺類がおすすめです。	北、南西	銀色

2024 August

8月

頂上運 2024.8.7 ～ 2024.9.6

開運3か条
- 海水浴を楽しむ
- ひまわりを飾る
- 映画館へ行く

✻全力投球し、結果は真摯に受け止める

今までの努力が評価され、あなたに成果をもたらします。コツコツと努力を重ねてきた人にとっては輝かしい1か月になりますが、まだ努力が足りない人にとっては期待はずれに終わりそう。さらに隠しごとが明るみに出る可能性もあります。反省すべき点は改め、努力を続けて次のチャンスに備えましょう。向学心がアップするので、勉強は成果があがります。

また、くじ運や勝負運にも恵まれます。幸運を手にしたら、幸せのおすそ分けを忘れないこと。お世話になっている人にはご馳走したりプレゼントを送ったりするなどして、感謝の気持ちを伝えてください。大切なことは日中にすませると、ケアレスミスを防げます。どんなこともきちんと記録を残しておきましょう。

8月の吉方位	北北西
8月の凶方位	北、南、東、北東、南東、南西

北
北東
東
南東
南
南西
西
西北西
北北西

この天中殺の人は要注意

申酉（さるとり）天中殺

マイペースを心がけ、周囲に引きずられないようにしましょう。新しいことに手を出さず、リスクをとらないこと。家や土地にかかわる話には慎重に対応することが重要です。熱中症に注意してください。

仕事運

アイデアが次々とひらめき、まわりからも認められます。強い精神力を持つあなたなら、さらなる高みを目指せるでしょう。忙しくなるので集中力を切らさないように。特に、委任状や契約書などの扱いには注意が必要です。手鏡を持ち歩き、身だしなみを整えること。いつでも人前に出られるように準備しておきましょう。

金運

華やかな運気の影響で、買い物もハイブランドのものに目が行きがち。余裕があるからと思いのままに使っていると、すぐ赤字になってしまうので気をつけましょう。投資については額をアップさせてもいいときですが、情報は必ず精査するようにしてください。

愛情運

※申酉天中殺の人は新しい出会いは先にのばして

さまざまな場面で出会いのチャンスに恵まれます。特にアウトドアでの活動にチャンスあり。おしゃれをして出かけましょう。また、上司からの引き立てで縁談が持ち上がるかもしれません。パートナーとはあなたが独占欲を抑えないと、取り返しのつかない事態になってしまうかも。海辺のデートを計画し、気分転換しましょう。

8月のおそうじ風水 ▶ リビング。窓を磨いて太陽の光を入れて。

★強運日　♠要注意日　♥愛情運　◆金運　♣人間関係運

日	六曜／天中殺 祝日・歳時記	毎日の過ごし方	吉方位	ラッキーカラー
1 木	友引／申酉	冷蔵庫に入っている食品の期限をチェック。丸く収まります。	北西、南西	黄色
2 金	先負／戌亥	ためらわずに実力を発揮して。リーダーとして活躍できそう。	東、西	白
3 土	仏滅／戌亥	気が大きくなって買い物で散財。少額でも借金はしないで。	北東、南東	赤
4 日	先勝／子丑	家族で理想の住まいについて話すと、夢の実現が近づくかも。	北西	ピンク
5 月	友引／子丑	運が味方してくれます。アクセサリーをつけるとさらに好調。	西、北西	オレンジ
6 火	先負／寅卯	♠噂話の発信源にされそう。人が集まる場所は避けましょう。	北東、南西	紺色
7 水	仏滅／寅卯 立秋	朝、シャワーを浴びてさっぱりすると集中力が高まります。	南、東	黒
8 木	大安／辰巳	♥自分から誘って。勇気を出して幸せな恋を呼び込みましょう。	北、南、南東	赤
9 金	赤口／辰巳	♣浴衣や下駄の用意を。美しい所作や立ち居振舞いも学んでみて。	北、南西	ペパーミントグリーン
10 土	先勝／午未	無理せず日陰で休むように。虫よけスプレーを持ち歩くと○。	北西、南西	金色
11 日	友引／午未 山の日	目上の人と登山を楽しむと思わぬ共通点がみつかり意気投合。	東、西	青
12 月	先負／申酉 振替休日	旅行の予算は多めでOK。満喫すると金運が刺激されます。	北東、南東	白
13 火	仏滅／申酉 お盆(↓8/16)	お墓参りにいきましょう。家族に日頃の感謝を伝えて。	北西	キャメル
14 水	大安／戌亥	★エネルギーに満ちた日。楽しいことを積極的に探してみて。	西、北西	ベージュ
15 木	赤口／戌亥	プールやスパでゆっくり過ごすと、いい気分転換になります。	北東、南西	水色

16	金	先勝／子丑		相談ごとは母親や年上の女性に。今後の見通しが立ちそう。	南、東	山吹色
17	土	友引／子丑		やりたいことにチャレンジして。いい出会いにも恵まれます。	北、南、南東	茶色
18	日	先負／寅卯		人との交流が活発に。スマホのアドレス帳を整理しましょう。	北、南西	銀色
19	月	仏滅／寅卯		何があっても落ち込まないこと。チーズケーキを食べると◯。	北西、南西	黄色
20	火	大安／辰巳		大きな仕事の依頼があるかも。気を抜かず丁寧な電話対応を。	東、西	白
21	水	赤口／辰巳	◆	新しい世界が広がりそう。交際費は気持ちよく使いましょう。	北東、南東	赤
22	木	先勝／午未 処暑		胃腸が弱っているかも。我慢せずに早めにケアするようにして。	北西	ピンク
23	金	友引／午未		ひまわりを見ると新しい企画がひらめくかも。写真でもOK。	西、北西	紫
24	土	先負／申酉	♠	思い通りにならない日。忙しくても睡眠時間は削らないこと。	北東、南西	黒
25	日	仏滅／申酉		飲み物をお盆で運ぶなど、丁寧な暮らしを心がけると吉。	南、東	山吹色
26	月	大安／戌亥	♥	相手の気持ちを考えて行動して。よい印象を与えられます。	北、南、南東	碧（深緑）
27	火	赤口／戌亥	♣	仕事と休憩のメリハリをつけると冷静な判断ができるかも。	北、南西	ペパーミントグリーン
28	水	先勝／子丑		寄り道せずに帰宅。食事は作り置きで簡単にすませましょう。	北西、南西	金色
29	木	友引／子丑		案件にはチームで取り組んで。難しい問題もスムーズに解決。	東、西	銀色
30	金	先負／寅卯		季節はずれのものでも来年に使えそうな素敵な品に出合えます。	北東、南東	黄色
31	土	仏滅／寅卯 二百十日		アクシデントに注意。交差点では信号が青でも左右確認を。	北西	キャメル

停滞運　2024.9.7 〜 2024.10.7

2024
September
9月

開運3か条
- 靴下を履く
- ミネラルウォーターを飲む
- コットンを着る

❋体調管理をしてパワー充電を

前月頑張ったので、パワーは低下しています。今月はエネルギーをチャージし、今後に備えてください。夏の疲れも出るので、体調管理に努めましょう。早寝早起きを心がけ、朝起きたら1杯のミネラルウォーターを飲み、体内を浄化させること。なるべくオーガニックフードを食べ、入浴で体をあたためるようにしましょう。

悩みも増えますが、無理に解決を急がないで。目の前の課題をクリアすることを目標に、現状維持ができればOKだと考えてください。周囲の言動に傷つくことがあっても、不満などネガティブな言葉は口にしないようにしましょう。誰かと一緒にいるより、自分の内面と向き合うべきときです。早めに帰宅して、読書や音楽鑑賞などでひとりの時間を充実させましょう。

9月の吉方位	北東、南西
9月の凶方位	北、南、東、西、北西、南東

北
北東
東
南東
南
南西
西
北西

この天中殺の人は要注意

申酉(さるとり)天中殺

仕事がおろそかになります。また、収支の管理がルーズになり、資金がショートするかも。なんとか危機をクリアしたと思っても、次の天中殺の谷が待っていそう。誘われても断り、ひとりでいるように。

仕事運

今までスムーズだったことが急にうまくいかなくなります。ケアレスミスを起こしがちなので、慣れている仕事でも油断せず確認しながら進めましょう。新しいことに着手せず、残業は控えること。疲れを翌日に持ち越さないよう、睡眠はしっかりとりましょう。寝る前に朝着ていく服を準備しておくと、1日がスムーズに回ります。

金運

収支のバランスを考え、貯金には手をつけないようにしましょう。手作り弁当を持参するなど出費はなるべく減らすようにして、趣味や資格の勉強にお金をかけること。目先の利益にとらわれがちなので、将来に向けてお金に関する情報を集めておきましょう。

愛情運

新しく人と知り合うにはエネルギー不足です。好きでもない人と付き合うなど恋愛で現実逃避すると、悩みが増えるだけ。好奇心旺盛なあなたでも、今月近寄ってくる人には気をつけてください。あなたの身近にいる人を大切にしましょう。パートナーがいる人は現状維持を心がけて。結論は急がないほうが無難です。

9月のおそうじ風水 ▶ **バスルーム。シャワーヘッドもきれいに。**

日	曜日	六曜／天中殺 祝日・歳時記	毎日の過ごし方	吉方位	ラッキーカラー
1	日	大安／辰巳	★幸運に恵まれそう。海辺を散歩して太陽の光を浴びましょう。	西、北西	オレンジ
2	月	赤口／辰巳	パワーは低めです。企画を進めるより資料の見直しが重要。	北東、南西	黒
3	火	友引／午未	あれこれ手を出すのはＮＧ。優先順位をつけてから行動して。	南、東	クリーム色
4	水	先負／午未	お気に入りの音楽で目覚めると、アクティブに過ごせそう。	北、南、南東	ワインレッド
5	木	仏滅／申酉	玄関の鏡を拭いて出かけると、交渉ごとが順調に進みます。	北、南西	銀色
6	金	大安／申酉	感情の起伏が激しくなりがち。早めに帰宅し、冷蔵庫の整理を。	北西、南西	黄色
7	土	赤口／戌亥 白露	気分転換したいならサイクリングが○。ウェアも用意して。	東、西	水色
8	日	先勝／戌亥	◆家族で話題のレストランへ。仲よく料理をシェアすると吉。	北東、南東	赤
9	月	友引／子丑 重陽の節句	身に覚えのない噂が立ちそう。信頼できる人に相談して。	北西	金色
10	火	先負／子丑	何をするにも人まかせはＮＧです。名刺を忘れないこと。	西、北西	紫
11	水	仏滅／寅卯	♠注意散漫になりそう。仕事以外の連絡は後回しにしましょう。	北東、南西	紺色
12	木	大安／寅卯	早起きしてストレッチを。肩まわりをほぐすと集中力がＵＰ。	南、東	黒
13	金	赤口／辰巳	♥レモン水を飲むと、好きな人との会話が弾みウキウキ気分に。	北、南、南東	茶色
14	土	先勝／辰巳	♣人脈が広がるときです。きちんとした服装を心がけましょう。	北、南西	黄緑
15	日	友引／午未	手づくり市やマルシェへ。いい物にめぐり合えそう。	北西、南西	クリーム色

★強運日　♠要注意日　♥愛情運　◆金運　♣人間関係運

16	月	先負／午未 敬老の日	大切な家族へプレゼントを。ぜいたくなグルメ缶詰がおすすめ。	東、西	青
17	火	仏滅／申酉 十五夜	月を眺めながら仲間と楽しんで、金運を味方につけましょう。	北東、南東	白
18	水	大安／申酉	決断に迷ったときはじっくり考えて。いい選択ができるかも。	北西	ピンク
19	木	赤口／戌亥 彼岸入り	チャレンジ精神を大切に。おしゃれして出かけると○。	西、北西	紫
20	金	先勝／戌亥	アクシデントに遭遇しそう。寄り道はせずに帰宅しましょう。	北東、南西	水色
21	土	友引／子丑	果物狩りで息抜きをして。大地を踏みしめると運気の貯金に。	南、東	黒
22	日	先負／子丑 秋分の日	お墓参りにいき、念入りに掃除を。何事にも前向きになれます。	北、南、南東	赤
23	月	仏滅／寅卯 振替休日	友人と買い物へ。おしゃれなハーブのポプリを探してみて。	北、南西	ペパーミントグリーン
24	火	大安／寅卯	営業はうまくいかないかも。夕食はピザをデリバリーして。	北西、南西	金色
25	水	赤口／辰巳 彼岸明け	本来の力を発揮できますが、周囲から孤立しないように。	東、西	銀色
26	木	先勝／辰巳	◆情熱を持って仕事に取り組むとチャンスが舞い込んできます。	北東、南東	赤
27	金	友引／午未	順調だったことがストップするかも。手作り弁当を持参して。	北西	キャメル
28	土	先負／午未	ヘアケアをして。美容院を探すならネットの口コミを参考に。	西、北西	ベージュ
29	日	仏滅／申酉	♠家族とおうちご飯を楽しんで。わかめの酢の物で運気回復。	北東、南西	白
30	月	大安／申酉	人を当てにすると期待はずれの結果に。自分のできる範囲で○。	南、東	山吹色

2024
October

10月

基礎運 2024.10.8 ～ 2024.11.6

開運3か条
- 果物狩りにいく
- 公園を散歩する
- 芝生の上に座る

周囲への目配り、気配りが大切

周囲と力を合わせて、仕事には慎重に取り組みましょう。計画は一進一退で、根回しも必要です。打算的にならず、評価を求めず、ゆっくり手堅く進むことが大切です。そうすれば、先の見通しがつくでしょう。人が嫌がる仕事を率先して引き受け、丁寧にこなしていってください。周囲の動きに目配りをし、チームが動きやすいように気配りをしましょう。また、力を貸してくれた人には感謝の言葉を忘れないで。あえて厳しい道を選ぶと、将来のステップアップにつながります。それが思いがけない抜擢を運んでくれるかも。

家事は外出前にすませること。大切なことがある日は早めに起き、身だしなみに時間をかけて。

10月の吉方位 南

10月の凶方位 北、西、北東、北西、南東、南西

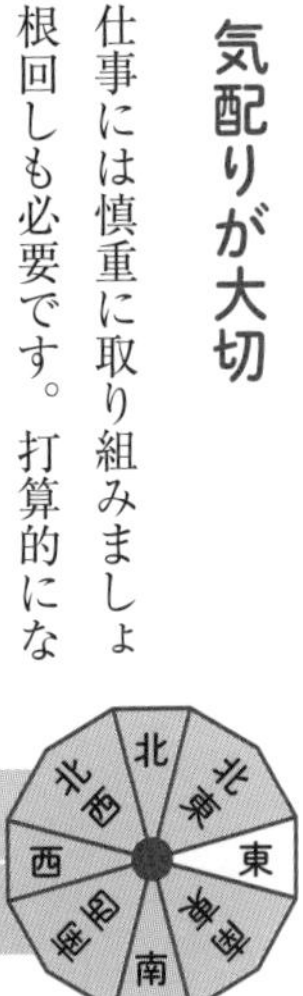
北
北東
東
南東
南
南西
西
北西

この天中殺の人は要注意

戌亥天中殺

いろいろなリクエストに振り回され、孤軍奮闘を強いられます。周囲のサポートは期待できないので、自力でなんとかするしかありません。パソコンをバージョンアップして、対応するようにしましょう。

仕事運

やる気は少しずつ出てきますが、まだ本調子ではありません。ささいなことでも、ミスをしないように細心の注意を払って。目先の利益にとらわれがちですが、今は将来を見据えたキャリアプランを描くとき。仕事のスキルを上げるための勉強を根気よく続けましょう。アルバイトなど副業を始めるのもおすすめです。

金運

お金があると使ってしまうあなたですが、夢や将来の目標に必要な費用を調べて、マネープランを立てましょう。支出内容を細かくチェックし、食材の買い出しは冷蔵庫をチェックしてから行くこと。ベランダ菜園で野菜を育てるのもおすすめです。

愛情運

ドラマチックな展開はありませんが、恋愛運は少しずつ上昇しています。学生時代の友人や職場の同僚など、近くにいる人に目を向けてみましょう。この時期の恋愛は、友人関係からスタートするとうまくいきます。パートナーのいる人は、家庭的な雰囲気を大切にして。オーガニック食品で食事を作りましょう。

10月のおそうじ風水 ▶ **寝室。ぬいぐるみを片づけ、ベッド下を掃除。**

日	六曜／天中殺 祝日・歳時記	毎日の過ごし方 ★強運日 ♠要注意日 ♥愛情運 ◆金運 ♣人間関係運	吉方位	ラッキーカラー
1 火	赤口／戌亥	自分から動くことで幸運が飛び込んできます。勇気を出して。	北、南、南東	赤
2 水	先勝／戌亥	赤い羽根共同募金に協力して。心強い助っ人が現れるかも。	北、南西	銀色
3 木	先負／子丑	リーダーに選ばれそう。注目されたいときは中央に座ると○。	北西、南西	黄色
4 金	仏滅／子丑	あれこれ口を出さず、悩んでいる部下には寄り添ってあげて。	東、西	水色
5 土	大安／寅卯	◆秋服をチェックして。欲しかったものがお得に手に入るかも。	北東、南東	白
6 日	赤口／寅卯	グランピングやハイキングを。自然からパワーをもらえそう。	北西	キャメル
7 月	先勝／辰巳	★少々のリスクなら前進してOK。乗り越える実力はあります。	西、北西	オレンジ
8 火	友引／辰巳 寒露	♠わがままだと思われるかも。周囲と足並みを揃えましょう。	北東、南西	紺色
9 水	先負／午未	自分磨きにツキあり。スキルアップにつながる勉強を始めて。	南、東	クリーム色
10 木	仏滅／午未	思いつきで発言しないこと。何がベストかよく考えましょう。	北、南、南東	ワインレッド
11 金	大安／申酉	♣会食は和室のあるお店を選ぶと、有意義な時間が過ごせます。	北、南西	青
12 土	赤口／申酉	深追いすると痛い目に遭いそう。何事も腹八分目でストップ。	北西、南西	金色
13 日	先勝／戌亥	判断力があるので株の購入や投資額のアップを検討してみて。	東、西	白
14 月	友引／戌亥 スポーツの日	スポーツイベントに参加を。楽しむことで金運がアップします。	北東、南東	赤
15 火	先負／子丑 十三夜	人間関係に変化が。テーブルに花を飾って不穏な空気を浄化。	北西	ピンク

16 水	仏滅／子丑	まわりからの信頼度が上昇中。自信を持って行動すること。	西、北西	紫
17 木	大安／寅卯	疎外感を抱きそう。オレンジジュースを飲むと気分すっきり。	北東、南西	水色
18 金	赤口／寅卯	物事は慎重に。出勤途中に何かひとつ知識を身につけると◯。	南、東	山吹色
19 土	先勝／辰巳	♥相手との距離が縮まる予感。気になる人に声をかけましょう。	北、南、南東	碧（深緑）
20 日	友引／辰巳 土用	ストレスに注意して。噂話をする人とは距離を置きましょう。	北、南西	ペパーミントグリーン
21 月	先負／午未	上司から指導やアドバイスを受けたら素直に改善するように。	北西、南西	キャメル
22 火	仏滅／午未	パソコンのデータを整理して。重要なものはバックアップを。	東、西	白
23 水	大安／申酉 霜降	◆招待券やチケットがもらえるかも。お得に趣味を楽しんで。	北東、南東	赤
24 木	赤口／申酉	感情的にならないで。仕事や家事の合間にストレッチを。	北西	黄色
25 金	先勝／戌亥	★新しいプロジェクトに参加したいなら存在感をアピールして。	西、北西	紫
26 土	友引／戌亥	♠家族に対しての不満は口にしないで。笑顔を忘れないように。	北東、南西	白
27 日	先負／子丑	自然豊かな場所が吉。外出ができない人は風景の映像でも◯。	南、東	キャメル
28 月	仏滅／子丑	恋人とケンカになるかも。香水をつけると回避できそう。	北、南、南東	碧（深緑）
29 火	大安／寅卯	♣交渉ごとはよい結果に。きちんと挨拶してから始めること。	北、南西	黄緑
30 水	赤口／寅卯	食生活の改善を。ランチは野菜中心の手作り弁当がおすすめ。	北西、南西	金色
31 木	先勝／辰巳 ハロウィン	仮装してハロウィンパーティーへ。先輩と出かけると開運。	東、西	水色

2024
November

11月

開始運　2024.11.7 ～ 2024.12.6

開運3か条
- アロマを楽しむ
- 手土産を買う
- マルシェへ行く

計画を行動に移すときです

チャンスも多く、表面的には華やかな雰囲気に包まれます。準備から行動に移す運気で、気ぜわしくなるでしょう。周囲からの注目を集め、人付き合いも広がりそう。明るく、賑やかなことが好きなあなたですが、気疲れしてしまうかもしれません。チャレンジ精神がツキを呼ぶ運気でも、思いつきの行動はよい結果をもたらしません。初志貫徹をモットーに物事に対処しましょう。自己主張もほどほどにしないと、スムーズに進んでいたことにブレーキがかかります。Ｚ世代と交流すると、新しいアイデアが浮かびそうです。

ＢＧＭを聴きながら、並木道をウォーキングするとリフレッシュできます。ただし、イヤホンから音が漏れないよう注意しましょう。

11月の吉方位　北、南、東南東

11月の凶方位　東、西、北東、北西、南西、南南東

北
北東
東
東南東
南南東
南
南西
西
北西

この天中殺の人は要注意

戌亥天中殺

スキャンダルに見舞われそう。過去のトラブルも蒸し返されそうです。天中殺はメンタルトレーニングのひとつと考え、冷静な姿勢でいること。お年寄りを大切にして運気の貯金を心がけて。

仕事運 ※戌亥天中殺の人は新規の仕事は先にのばして

新規案件や新しいプロジェクトの機会には、積極的にチャレンジしましょう。未知の分野を手がけて、新しい扉を開くのもおすすめ。あたためていたアイデアが生かされるチャンスもありそうです。年下の人との交流を増やし、チームの連携をはかりましょう。やさしく丁寧な言葉遣いがポイントになります。

金運

金運も徐々に上がり、レジャーやショッピングなど楽しいイベントが増えそう。見栄を張るための買い物はNGですが、株の購入には向いている時期です。ラジオやネットニュースなどをこまめにチェックし、最新の財テク情報をゲットしてください。

愛情運 ※戌亥天中殺の人は新しい出会いは先にのばして

新しい出会いが増え、恋のチャンスも多くなります。明るく賑やかなことが好きなあなた、パーティーなど華やかな場所に積極的に出かけましょう。また、趣味やスポーツの仲間が恋の相手になるかも。パートナーがいる人はいつもと違うデートを計画して。秋のフルーツを味わうと運気が上がります。

11月のおそうじ風水 ▶ **テレビ。ホコリをとり、リモコンを拭いて。**

日	六曜／天中殺 祝日・歳時記	毎日の過ごし方（★強運日 ♠要注意日 ♥愛情運 ◆金運 ♣人間関係運）	吉方位	ラッキーカラー
1 金	仏滅／辰巳	会食などの機会が増え、華やかな雰囲気。暴飲暴食に注意。	北東、南東	赤
2 土	大安／午未	ストック食品を確認して。不要な買い物をせずにすみます。	北西	ピンク
3 日	赤口／午未 文化の日	★すべてが絶好調。部屋の模様替えをするとさらに運気がUP。	西、北西	オレンジ
4 月	先勝／申酉 振替休日	翌日に着る洋服を準備しておくと安心してぐっすり眠れそう。	北東、南西	水色
5 火	友引／申酉	企画を進めるにはまだ早そう。目標を定め、実力をつけてから。	南、東	クリーム色
6 水	先負／戌亥	直感で動くのはNG。ピアノ曲を聴くと冷静に判断できます。	北、南、南東	ワインレッド
7 木	仏滅／戌亥 立冬	大きなチャンスには即行動。自信を持って挑むとよい結果に。	北、南西	ペパーミントグリーン
8 金	大安／子丑	悪い縁は清算を。金箔を使ったお菓子からパワーをもらって。	北西、南西	黄色
9 土	赤口／子丑	何事にも無茶はしないで。腕時計をするとリラックスできそう。	東、西	銀色
10 日	先勝／寅卯	◆趣味など好きなことに投資。金額以上の充実感を得られます。	北東、南東	白
11 月	友引／寅卯	髪型を変えると吉。アレンジやセットの仕方は動画を参考に。	北西	ピンク
12 火	先負／辰巳	特技が開運の鍵に。得意分野は自信を持って追求しましょう。	西、北西	ベージュ
13 水	仏滅／辰巳	♠読書をすると頭が冴えます。偉人の伝記にヒントがあるかも。	北東、南西	紺色
14 木	大安／午未	着地点が見えなくても今は我慢。息抜きをするなら公園へ。	南、東	黒
15 金	赤口／午未 七五三	♥フットワークの軽さを発揮して。いい出会いが待っています。	北、南、南東	茶色

日	曜	六曜/干支	運勢	吉方位	ラッキーカラー
16	土	先勝／申酉	♣頑張った自分にご褒美を。日本旅館に泊まるとツキが味方に。	北、南西	銀色
17	日	友引／申酉	ギャンブルは厳禁です。財テクセミナーに参加すると○。	北西、南西	金色
18	月	先負／戌亥	どんな相手にもあたたかく接して。信頼関係を築けるかも。	東、西	青
19	火	仏滅／戌亥	欠陥品に注意。返金などについて確認してから購入するように。	北東、南東	赤
20	水	大安／子丑	転職を考えるのはNG。今の場所で粘り強く努力を続けて。	北西	ピンク
21	木	赤口／子丑	★ひらめきに従いピンときたアイデアを形にすると成功します。	西、北西	オレンジ
22	金	先勝／寅卯 小雪	焦ると悪循環に陥りそう。あたたかいお茶でひと息入れて。	北東、南西	紺色
23	土	友引／寅卯 勤労感謝の日	ふるさと納税をチェック。産地直送の泥つき野菜がおすすめ。	南、東	黒
24	日	先負／辰巳	心が疲れていそう。並木道をゆっくり散歩してリフレッシュ。	北、南、南東	茶色
25	月	仏滅／辰巳	初対面の人とのトラブルに気をつけて。朝窓を開け風を通すと○。	北、南西	黄緑
26	火	大安／午未	買い物は夕方からがラッキー。閉店間際をねらって出かけて。	北西、南西	クリーム色
27	水	赤口／午未	周囲からよい情報が。さりげなく聞き耳を立てておくと○。	東、西	水色
28	木	先勝／申酉	◆会食に誘われたら参加して。楽しい時間を過ごすと開運。	北東、南東	白
29	金	友引／申酉	相手を傷つけないように、意見があっても日を改めましょう。	北西	キャメル
30	土	先負／戌亥	くじ運があるので宝くじを買ってみて。幸運はおすそ分けを。	西、北西	オレンジ

2024
December
12月

開花運 2024.12.7 ～ 2025.1.4

開運3か条
- 自分へのご褒美を買う
- うどんを食べる
- 手紙を書く

やる気を前面に出し、信頼関係を深めて

1年の締めくくりは、一気に花開くような運気です。物事は順調に進み、仕事もプライベートもスムーズでしょう。年末に向けて、さまざまなイベントに誘われ、人間関係も広がります。周囲に自分の夢や目標を伝えておくと、協力者が現れるかもしれません。多くの人が集まってきますが、なかにはトラブルメーカーも。初対面の人からの頼みごとは即答を避け、持ち帰りましょう。相手を見極める目を養うことも必要です。

クリスマスのプレゼント選びは流行に敏感なあなたのセンスを発揮しましょう。年賀状を書くために、アドレス帳は早めに見直しておくこと。引き出しの整理をすると、よい気が呼び込めるので、大掃除リストに忘れずに入れるようにしてください。

12月の吉方位	北、南西
12月の凶方位	南、東、西、北東、北西、南東

北
北東
東
南東
南
南西
西
北西

この天中殺の人は要注意

子丑(ねうし)天中殺

年末を迎え、生活のリズムが崩れます。忘年会やクリスマスパーティーで知り合った人とは一定の距離を保って。また、メールの誤送信に注意してください。待ち合わせは余裕をもって行動すること。

仕事運

コツコツと積み重ねてきたことが認められ、チャンスがやってきます。心強いサポーターが現れ、さらなる高みを目指せるでしょう。昔からの友人など、プライベートでの交流もあなたの大切な人脈になります。飛行機を利用する出張が増えそうです。取引先に行くときは、よく手入れされた靴を履くようにしましょう。

金運

仕事に比例し、金運も好調。忘年会などで交際費は増えますが、収支管理ができていれば問題はありません。いつも支えてくれる同僚や後輩にご馳走して、感謝の気持ちをあらわしましょう。頂き物も多くなりますが、お礼を忘れないこと。

愛情運 **※子丑天中殺の人は新しい出会いは先にのばして**

忘年会やパーティーなど人の集まる場所に出かけましょう。明るくおしゃべり上手なあなたなら、初めて会った人ともすぐに打ち解けそう。美しい大人のマナーを心がければ、理想の相手に出会えるかもしれません。パートナーのいる人はプレゼントを奮発して。リッチなレストランで食事をして素敵な時間を過ごしましょう。

12月のおそうじ風水 ▶ **木製家具。水拭き後、引き出しの中も掃除。**

日	曜	六曜／天中殺 祝日・歳時記	毎日の過ごし方 ★強運日 ♠要注意日 ♥愛情運 ◆金運 ♣人間関係運	吉方位	ラッキーカラー
1	日	大安／戌亥	ストレス発散を。家族で話題の映画を観にいくと運気回復。	北東、南西	紺色
2	月	赤口／子丑	パワーは低めですが、年末までのやることリストを作って。	南、東	山吹色
3	火	先勝／子丑	♥積極的になってOK。恋のチャンスには即行動しましょう。	北、南、南東	赤
4	水	友引／寅卯	きちんと挨拶回りを。服装や立ち居振舞いに気をつけると吉。	北、南西	青
5	木	先負／寅卯	会議で意見の対立があったら丸く収まるよう努力しましょう。	北西、南西	黄色
6	金	仏滅／辰巳	先輩がラッキーパーソンです。アドバイスは素直に聞くこと。	東、西	銀色
7	土	大安／辰巳 大雪	◆必要か不要かを少し考えるだけで買い物上手になるかも。	北東、南東	金色
8	日	赤口／午未	お寺のイベントに参加すると○。今後のことを考えるいい機会。	北西	金色
9	月	先勝／午未	★いい成果をあげられそう。仕事仲間への感謝を忘れないこと。	西、北西	紫
10	火	友引／申酉	♠何事も深追いは禁物。サウナやエステでリフレッシュを。	北東、南西	白
11	水	先負／申酉	焦らないこと。あんこを使った和菓子を食べるとツキが回復。	南、東	黒
12	木	仏滅／戌亥	共通の趣味がある相手と距離を縮めると恋愛に発展しそう。	北、南、南東	碧（深緑）
13	金	大安／戌亥	♣ランチはキッチンカーで。気軽に話せば人の輪が広がります。	北、南西	ペパーミントグリーン
14	土	赤口／子丑	冷蔵庫の庫内をピカピカに掃除。残り物で常備菜を作って。	北西、南西	金色
15	日	先勝／子丑	急な予定変更が。ストレッチをして軽快に動けるように準備。	東、西	白

16	月	友引／寅卯	会食などお誘いが増えますが、仕事はおろそかにしないこと。	北東、南東	赤
17	火	先負／寅卯	大切な資料をなくさないように。デスクの整理整頓をして。	北西	キャメル
18	水	仏滅／辰巳	公私ともに多忙に。でも頑張ったぶんだけ幸運にも恵まれます。	西、北西	紫
19	木	大安／辰巳	早めに帰宅し、家でゆっくり。水回りの掃除をすると運気回復。	北東、南西	水色
20	金	赤口／午未	相手の苦手な分野をフォローすると作業がサクサク進みます。	南、東	黒
21	土	先勝／午未 冬至	♥まわりの視線を集めそう。夜はゆず湯に浸かってくつろいで。	北、南、南東	ワインレッド
22	日	友引／申酉	自分にご褒美を。公私ともに使えるものなら奮発してＯＫ。	北、南西	黄緑
23	月	先負／申酉	壊れているものは処分。身のまわりをすっきりさせましょう。	北西、南西	キャメル
24	火	仏滅／戌亥 クリスマス・イブ	賑やかな繁華街で楽しんで。ゴールドのアクセサリーが吉。	東、西	水色
25	水	大安／戌亥 クリスマス	◆パーティーに参加して。多くの人と接すると心が豊かになります。	北東、南東	黄色
26	木	赤口／子丑	貸したお金を催促していい日。リップケアが金運ＵＰの鍵。	北東、南東	赤
27	金	先勝／子丑	仕事仲間にねぎらいの言葉を。ご馳走するならお寿司が◯。	東、西	白
28	土	友引／寅卯	門松や鏡餅などを飾って、新年を迎える準備をしましょう。	北西、南西	クリーム色
29	日	先負／寅卯	友だちと出かけると視野が広がりそう。笑顔を忘れずに。	北、南西	ペパーミントグリーン
30	月	仏滅／辰巳	神経質になりやすい日。ＢＧＭを流すと冷静に行動できます。	北、南、南東	碧（深緑）
31	火	赤口／辰巳 大晦日	家族と年越しそばを食べながら、ゆったりと過ごしましょう。	南、東	キャメル

COLUMN 3

~2024年のラッキーフード~

柑橘類と酸味でエネルギーチャージを

2024年全体のラッキーフードは柑橘類や酸味です。みかんやオレンジ、レモン、お酢、梅干しを毎日の食生活に取り入れましょう。たとえばレモンならレモンティーや、サラダに添えるだけでもOK。梅干しのおにぎりも手軽でおすすめです。また、桃は邪気を祓うので旬の時期に食べましょう。

フルーツには旬があるので、フレッシュなものが手に入らないときは、写真やポストカード、イラストなどを目に入る場所に飾っておくのもいいでしょう。若々しいエネルギーに包まれる2024年ですから、ラッキーフードで体にパワーを取り入れてください。

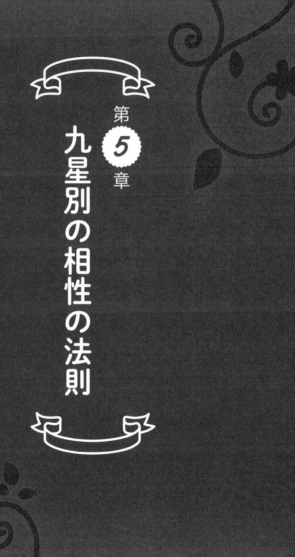

第5章
九星別の相性の法則

相性の法則

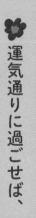

運気通りに過ごせば、相性のよい人たちを引き寄せます

幸せな人生を送るためには、相性はとても大切なものです。相性と運気は深くかかわっています。運気通りに過ごしていれば、周囲には自分と相性のいい人たちが自然と集まってきます。

また、相性が合わない人と出会ったとしても、互いに認め合える面だけで上手に付き合っていくことができるのです。

ユミリー風水では、厳密にいうと4つの要素で相性を見て総合的に判断していますが、本書では人生の基本となる生まれ年の星（カバー裏参照）、つまりライフスター同士の相性を見ていきます。

ライフスターの相性がいいとは、長い時間を一緒に過ごす住まいや職場での営みが

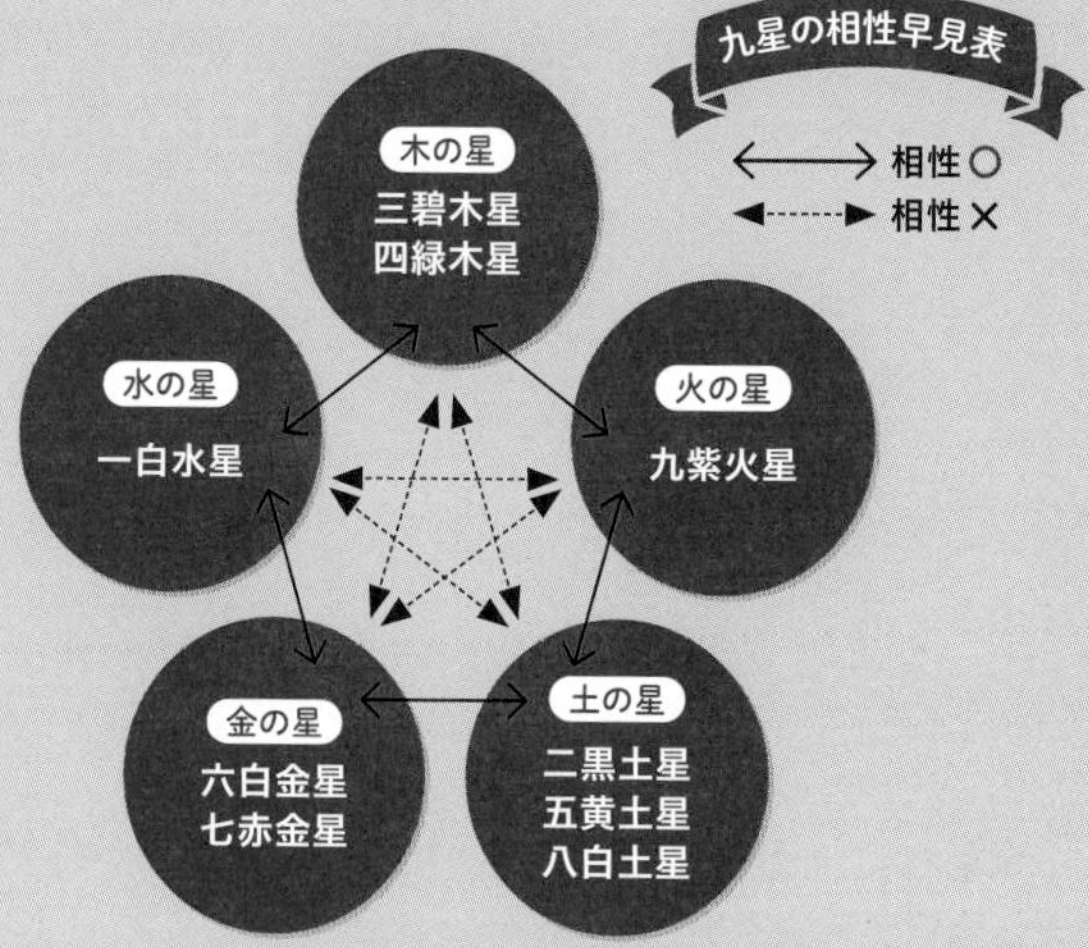
九星の相性早見表
相性○
相性×
木の星
三碧木星
四緑木星
水の星
一白水星
火の星
九紫火星
金の星
六白金星
七赤金星
土の星
二黒土星
五黄土星
八白土星

合うということを意味します。相性がいいと自分の気持ちや考え方がすんなりと相手に伝わるので、相手も理解、思いやり、感謝、愛情、親切といったものを返してくれます。逆に、相性が悪い場合は、125ページで相性が合わない場合の対処法を紹介しているので、ぜひ参考にしてください。

上の図は、ライフスター同士の相性をあらわした図です。風水の五行という考え方を取り入れ、9つのライフスターを五行に分け、相性を見ています。隣り合う星同士は相性がよく、向かい合う星同士は相性が悪いということになります。

（木の星）　（水の星）

三碧木星 と 一白水星

花や草を象徴する三碧と、水の星の一白。
三碧は一白の水を利用して、枯れることなく元気でいられます。

相性○

恋愛

柔軟性がある一白は、好き嫌いが激しい三碧を上手にコントロールできます。献身的な一白のやさしさに甘え、よそ見をしたり、ないがしろにしたりすると、さすがの一白も我慢の限界に達するので注意して。

夫婦

三碧が妻、一白が夫が理想的です。形式にこだわらない自由な家庭になりますが、一白には浮気性な面もあるので、お互いの信頼を保つことが最重要課題です。

友人

おしゃべり好きな三碧と、交際上手な一白ですから、一緒に盛り上がり、楽しめる関係。ときには一白に歩み寄る姿勢を見せましょう。

仕事

一白が上司や先輩なら、冷静なアドバイスをしてくれます。せわしなく動き回る三碧ですが、一白の言うことはじっくり聞いてください。

一白水星の2024年

2024年は開始運の年。何かを始めるにはぴったりの時期です。行動的になると気分も前向きに。やりたいことにチャレンジして。

（木の星）　（土の星）

三碧木星 と 二黒土星

（じこくどせい）

三碧は自分の花を咲かせるために、
二黒が持つ土の養分をどんどん吸い取り、やせた土に変えてしまいます。

相性×

恋愛

強引な三碧が、受け身の二黒をいつも振り回す関係。テンポが合わず、二黒をいつも疲れさせてしまいがちです。スローペースの二黒を思いやり、お互いの違いを認め合うことができれば、うまくいきます。

夫婦

二黒の長所を認めてあげることが、夫婦円満のポイント。三碧が夫で、二黒が妻なら、安定した関係になります。三碧が二黒のペースに合わせるようにして。

友人

三碧は自己主張をするだけでなく、二黒の話を聞いてあげて。お互いにない面を認め合い助け合うことができ、よき相談相手になります。

仕事

三碧は感情の起伏を仕事に持ち込まないように注意しましょう。二黒に説明するときは、ゆっくり丁寧に話すようにしてください。

二黒土星の2024年

これまでの行動や努力の成果が見えはじめる開花運の年。人付き合いも活発になりますが、トラブルにならないように注意して。

（木の星）　　　（木の星）

三碧木星 と 三碧木星

お互い木の星同士。それぞれ養分を与え合う関係ではありませんが、個々に成長できる対等な関係です。

相性○

恋愛

口達者でプライドが高い星同士ですが、ケンカをしながらでもうまくいきます。ケンカをしても、すぐに仲直りという繰り返し。どちらかが理性的になり、相手に合わせて折れるように心がければ、いい関係を維持できます。

夫婦

同じ目的を持つ夫婦なら、お互いを支え合う強力なパートナーになります。相手のプライドや考え方は理解できるので、お互いの個性を尊重する割り切りが必要です。

友人

理性的な行動を心がけると、うまくいきます。お互いプライドが高く口達者なので大きなケンカもしますが、ギブ&テイクの関係が築ければ大丈夫です。

仕事

強い個性がぶつかり合いますが、共感できることがみつかれば、心強い味方に。意見の食い違いをどうすり合わせるかがポイントです。

三碧木星の2024年

運気の波がいったん止まる静運の年。新しいことを始めるよりも、生活習慣を見直したり家族と過ごしたりして余裕をもった生活を心がけて。

（木の星）（木の星）

三碧木星と四緑木星

**木星同士ですが、三碧が草花で、四緑が樹木の象徴です。
どちらも大地という同じフィールドで成長していきます。**

相性○

恋愛

お互いに水や太陽がないと生きていけません。だから、喜びも悲しみも同じように分かち合うことができます。おしゃべり好きな三碧が余計なひと言を言って、それがケンカのもとになることもあるので、気をつけましょう。

夫婦

対等な友だち夫婦ですが、相手に期待ばかりしていると、前に進めなくなります。どちらかが主導権を握ることが大切。よく話し合い、将来の方針を立てること。

友人

お互いに計画を立てるのは得意だけれど、面倒な手続きが苦手。それが原因でケンカをしそうです。最初から役割分担を決めておくとうまくいきます。

仕事

会議では活発に意見交換するのに、行動となると、お互いに楽をしようとします。上司のほうが責任感を発揮することが肝心です。

四緑木星の2024年

2024年は運気が上向きになる結実運の年です。仕事で望むような活躍ができ、心身ともに充実しそう。社会的地位を固めて。

（木の星）　（土の星）

三碧木星 と 五黄土星

草花を象徴する三碧は、腐葉土である五黄の養分をどんどん吸い取り、
五黄をやせた土にしてしまいます。

相性×

恋愛

感覚的な三碧は、熟慮実行型の五黄に、苛立ちがち。また、五黄の強さに、ナイーブな三碧は疲れ果てます。よい関係を維持するには、三碧が五黄を寛大な心で受け止め、ケンカをしたら三碧のほうから折れることが大切です。

夫婦

五黄のすることに、三碧が口うるさく言わないことが大切。三碧が夫、五黄が妻ならそこそこうまくやっていけるはず。役割分担を決めるようにしましょう。

友人

五黄の能力を認めることができれば、どんなにわがままを言われても三碧は耐えていけます。ストレスがたまったらどこかで発散して。

仕事

三碧が五黄に振り回されそうです。三碧は感覚でものを言わず、論理的な思考と行動をすることで、信頼関係を築くことができます。

五黄土星の2024年

実り豊かな金運の年です。満ち足りた気分を味わうことができそう。
2024年は人との交流の場にはできるだけ参加して。

（木の星）　（金の星）

三碧木星 と 六白金星（ろっぱくきんせい）

六白は金の星。草花の三碧を竜巻の六白が吹き飛ばすという関係です。三碧は茎を折られると生きていけません。

相性×

恋愛

高いプライドを持つ三碧と、負けん気が強い六白で、あまりうまくいきません。主導権争いをすると、収拾がつかない事態に発展することも。六白に妥協を求めても無駄なので、早めに三碧が多少の我慢をして六白を立てることです。

夫婦

三碧が六白を立てるほうがうまくいきます。三碧が妻で、六白が夫なら、そこそこうまくやっていけるはず。同じ目標を持つと、パワフルな夫婦になります。

友人

互いに譲り合う気持ちを大切にしないと、ケンカを繰り返します。六白の強引さが目立つようになったら、距離を置くのが賢明です。

仕事

六白が上司なら我慢を、部下になると三碧は寛容（かんよう）さを求められます。早くお互いの妥協点を見出すことが、うまく仕事を進めるポイントです。

六白金星の2024年

ひと区切りがつく改革運の年です。周囲に変化があるかもしれませんが、慌てずに落ち着いて。努力を継続することが大切です。

（木の星）　（金の星）

三碧木星と七赤金星（しちせききんせい）

**三碧は草花なので太陽の光が必要ですが、
夜の星の七赤はそれを与えられません。お互いの養分を奪い合う関係です。**

相性×

恋愛

お互いに派手で、華やかなことが大好き。第一印象はよく気が合うと勘違いしがちですが、お互いの高いプライドがぶつかり合うと溝は深まるばかり。三角関係などトラブルが起こりやすいので、誠実な気持ちで付き合うことが大切。

夫婦

誠実さを大切にしてお互いを思いやること。意見の食い違いは、話し合いで歩み寄る努力が必要です。三碧が妻で、七赤が夫なら、ほどほどにうまくいくはずです。

友人

意見が合いにくく、なかなか折り合いがつかない相手です。一定の距離を保ち、楽しいことだけ時間を共有するという関係がベストです。

仕事

強力なタッグを組めるという相手ではありません。三碧が七赤をサポートするように心がければ、問題はないはず。七赤のプライドを傷つけないように。

七赤金星の2024年

運気が頂点に達する頂上運の年。周囲からの注目度も高くなり、実力が認められる年です。新しいことにチャレンジするのも○。

（木の星）　（土の星）

三碧木星 と 八白土星

**草花の三碧が八白の土の養分をどんどん吸い取ってしまいます。
求めるものが違う関係だと肝に銘じましょう。**

相性×

恋愛
一見、正反対なものを持っているように感じて、最初はお互いに惹かれます。でも、相手が持っているものが自分にもあることに気がつくと、急に冷めてしまいます。関係を続けるには、最初に感じた相手への気持ちを忘れないことです。

夫婦
よく話し合って合理的な解決策をみつけていくことが大切です。三碧が夫で、八白が妻ならうまくやっていけるはず。八白の独占欲には寛容な気持ちで対応して。

友人
感覚だけで物を言う三碧に、具体的なアドバイスをする八白です。お互いの長所を認め合う大人の関係を築くことでうまくいきます。

仕事
三碧が八白をサポートすることでスムーズに仕事を進めることができます。仕事の進め方など、お互いの違いを理解し合うことが大切です。

八白土星の2024年
季節でいえば真冬にあたる停滞運の年です。新しいことを始めるには向きません。心と体をゆっくり休めるのに適しています。

（木の星）　　（火の星）

三碧木星 と 九紫火星

九紫は太陽の星。さんさんと光を注いでくれる九紫は、
草花の三碧が成長していくうえで欠かせない存在です。

相性○

恋愛　お互いに好奇心旺盛で、わがままな面を持つので、相手の気持ちが理解でき、助け合いながら成長していける最高のパートナー。三碧のバイタリティーは、九紫には魅力的に映ります。三碧が迷うことがあれば、決断力のある九紫が助けます。

夫婦　共通の目標があればお互いに協力し合えます。また、ふたりが興味のあることについて会話する時間を持ちましょう。三碧が夫で、九紫が妻なら理想的です。

友人　よき協力者同士となります。プライドの高い九紫は言い出したら引かないので、そんなときは三碧が折れること。ケンカをしたら三碧が先に謝って。

仕事　三碧は九紫のひらめきや行動力を理解し、ある程度自由にさせてあげることが大切です。チームになると発展的な仕事ができます。

九紫火星の2024年

冬眠から目覚めて、活動を始める基礎運の年。基礎固めの時期にあたるので目標をしっかり定め、コツコツと努力を積み重ねましょう。

相性が合わないとき

ライフスターの相性は、毎日の営みにおける相性です。
相性が合わないのにいつも一緒だと、より摩擦が大きくなります。
自分の世界を持ち、適度な距離感を保つことがうまくやっていく秘訣です。

恋愛 同棲は避けましょう

家で夫婦のようにまったり過ごすより、デートをするなら外へ出かけたり、グループで楽しんで。いつもベッタリは控え、同棲は避けましょう。結婚間近なら、お互いに仕事を持って暮らしていけるように努力して。

夫婦 仕事や趣味を充実

家での生活にあまりにも強い執着があると、ふたりの間の摩擦がより大きくなります。夫婦の場合、共働きをしている、お互い趣味や習いごとがあるなど、自分の世界を持っていればうまくいくケースが多いのです。

友人 礼儀を忘れずに

プライベートな部分に土足で入っていくことはしないようにしましょう。親しき仲にも礼儀ありの心がけがあれば、長続きします。価値観が異なるので、相手からの相談には意見を言うよりも聞き役に回って。

仕事 感情的な言動は控えて

もともと物の見方や感性が異なることをしっかり認識すること。違うのは当たり前だと思えば腹は立ちません。相手の長所をなるべくみつけて。自分と合わないところには目をつぶって、感情的にならないように。

COLUMN 4

～2024年の休日の過ごし方～

自然や音楽を楽しんでリラックス

若草や花に触れる休日の過ごし方がおすすめです。ベランダガーデンを作ったり、アレンジメントフラワーを作って飾ったり。インテリアにグリーンを取り入れるのも忘れずに。

散歩も風水のラッキーアクションですが、特に2024年は並木道がおすすめです。春なら桜並木、秋なら銀杏(いちょう)並木を歩いて。また庭園をゆっくり散歩してもいいでしょう。

コンサートやライブで好きなアーティストの音楽を楽しむのも三碧木星の象意に合っています。家の中でもBGMを流すようにするとよい気に包まれ、リラックスできます。

運を育てるための心得

❋運気はめぐっている

私たちの人生は、停滞運から頂上運までの9つの運気が順番にめぐってきます。いいときも悪いときも平等にやってきます。悪いときのダメージを少なくするために運気の貯金が必要です。悪いときは貯金を使い、そしてたまった運気は使うと、さらに増やすことができます。衣食住を整えることは毎日の運気の積み立て貯金。**あなたにめぐっている運気に合ったアクションで運気の貯金をしましょう。**また、吉方を生かすことで、運気の貯金をプラスできます。人は毎日の生活の中で、移動しながら活動しています。吉方へ動くことは追い風にのって楽しく移動するということ。今後の発展に影響する運気の貯金ができます。

また、吉方の神社にお参りを続けると、運気の貯金を増やすことができます。日のカレンダーにある吉方位を参考にして運気を貯金していきましょう。

❋9つの運気を理解する

停滞運 季節では真冬にあたるとき。植物が土の中でエネルギーを蓄えるように、春の芽吹きをじっと待つ時期です。思うようにならないと感じることも多くなりますが、**心と体を休めてパワーチャージしてください。**行動的になると、疲れたりトラブルに巻き込まれたりすることも。これまでの行いを振り返り、自分自身を見つめるのにいいときです。

＊運気のため方　掃除や片づけなどで水回りをきれいにして、ゆったりとした時間を過ごしましょう。食生活では上質な水をとるようにしてください。朝起きたら1杯の水を飲み、清々しい気分で1日をスタートさせましょう。

基礎運 冬眠から覚め、活動を開始するとき。自分の生活や環境を見直して、これからの人生の基礎固めをするような時期です。**目標を決め、それに向けた計画を立てましょう。**目の前のことをコツコツこなし、手堅く進んでください。また、この時期は目立つ行動は避け、サポート役に回ったほうが無難です。趣味や勉強など自分磨きには向いているので、学びたいことをみつけ、努力を続けましょう。

＊運気のため方　地に足をつけてしっかり歩ける靴を選びましょう。ガーデニングなどで土に触れると運気の貯金になります。食事は根菜類を取り入れたヘルシー料理がおすすめ。自然を意識した過ごし方で英気を養いましょう。

開始運　季節でいうと春をあらわし、秋に収穫するために種まきをするとき。**物事をスタートさせるにはいいタイミングで、やりたいことがあるならぜひチャレンジしましょう。**行動的になるほどモチベーションも上がり、気持ちも前向きになっていく運気。ただし、準備不足と感じるなら次のチャンスまで待ってください。表面的に華やかなので、ついその雰囲気につられてしまうと、中途半端なまま終わることになります。

＊運気のため方　心地いい音に包まれることで開運します。ピアノ曲をBGMにしたり、ドアベルをつけたりして生活の中に美しい音を取り入れましょう。食事では梅干しや柑橘類など酸味のあるものをとりましょう。

開花運　春にまいた種が芽を出して成長し花を咲かせる、初夏をイメージするときです。これまでの努力や行動に対する成果が表れはじめ、心身ともに活気にあふれます。気持ちも充実し、新たな可能性も出てきそうです。人脈が広がってチャンスにも恵まれますが、出会いのあるぶん、トラブルも起こりやすくなります。**頼まれごとは安請け合いせず、持ち帰って冷静な判断をするようにしてください。**

＊運気のため方　食事は緑の野菜をたっぷりとるようにしましょう。住まいの風通しには気を配ってください。和室でのマナーを守り、美しい立ち居振舞いを心がけて。空間にアロマやお香などいい香りをプラスするとさらに運気が活性化されます。

静運　運気の波が止まって、静寂が訪れるようなときです。動きがなく安定しているので、ひと休みをするべき運気。**新しいことには着手せず、生活習慣を見直したり家の中で家族と過ごしたりするのがおすすめです。**思い通りにならないと感じるなら、スケジュール調整をしっかりしましょう。安定志向になるので、この時期に結婚をするのは向いています。ただし、引越しや転職などは避けてください。

＊運気のため方　この時期は時間にゆとりを持って行動することも大切。文字盤の大きい時計を置き、時間は正確に合わせておいてください。お盆やお彼岸にはお墓参りをし、きれいに掃除をしてください。

結実運　運気が上がり、仕事で活躍できるときです。やりがいを感じ、心からの充実感も味わえるでしょう。**目上の人から信頼を得られるので、自分の力をしっかりア**

ピールして社会的地位も固めましょう。また、新しいことを始めるのにも向いている時期です。真摯に取り組んでさらなる結果を出してください。ただし、何事もやりすぎには注意して。チームとして動くことで夢を実現させましょう。

＊運気のため方　ハンカチやスカーフなど小物は上質なものを選んで。高級感のある装いがさらなる幸運を呼びます。理想を追求していくと、人生もそれに見合った展開になっていくでしょう。名所旧跡を訪ねましょう。

金運　季節でいえば秋。黄金の収穫期を迎え、満ち足りた気持ちを味わうことになるでしょう。これまで努力してきたことが成果となって金運に恵まれます。交友関係も広がり、楽しいお付き合いも増えるでしょう。**楽しむことでいい運気を呼び込むことができるときなので、人との交流の機会は断らないように。**新しい世界が広がって、さらなるチャンスに恵まれます。また、仕事への情熱も高まって金運を刺激します。

＊運気のため方　宝石を身につけましょう。またデンタルケアを大切にしてください。食品の管理、冷蔵庫の掃除などにも気を配ってください。西日が強い部屋は金運を下げます。西側は特にきれいに掃除して、カーテンをかけましょう。

改革運　晩冬にあたる時期です。**家でゆっくり過ごしながら自分を見つめ直す、リ**

セットの時期です。ひと区切りがつくので立ち止まり、自己チェックを！　まわりで変化が起きますが、慌てず落ち着いて対応しましょう。迷ったら慎重になって、ときには断る勇気も必要になってきます。特にお金がからむことには首を突っ込まず、避けるようにしてください。粘り強く努力を続けることが大切です。

＊運気のため方　イメージチェンジがおすすめです。部屋に山の写真や絵を飾ると大きなビジョンで物事を考えることができるようになります。根菜類を料理に取り入れてください。渦巻き模様のアイテムが運気の発展を後押ししてくれます。

頂上運　これまでの努力が実を結び、運気の頂点に達したことを実感できるとき。積極的に動くことで実力が認められ、名誉や賞賛を手にすることができます。充実感もあり、エネルギーも湧いてくるでしょう。新しいことにチャレンジしてもOK。**存在感をアピールして、自分が望むポジションをつかみましょう。**頂上に昇ることは目立つこと！　隠しごとも露見してしまうときです。早めに善処しておきましょう。

＊運気のため方　めがねや帽子、アクセサリーなど小物にこだわったファッションを取り入れましょう。部屋には美術品などを飾り、南側の窓はいつもピカピカに磨いておくと、運気がたまります。キッチンのコンロもこまめに掃除を。

【基数早見表①】1935年〜1964年生まれ

	1月	2月	3月	4月	5月	6月	7月	8月	9月	10月	11月	12月
1935年（昭10）	13	44	12	43	13	44	14	45	16	46	17	47
1936年（昭11）	18	49	18	49	19	50	20	51	22	52	23	53
1937年（昭12）	24	55	23	54	24	55	25	56	27	57	28	58
1938年（昭13）	29	0	28	59	29	0	30	1	32	2	33	3
1939年（昭14）	34	5	33	4	34	5	35	6	37	7	38	8
1940年（昭15）	39	10	39	10	40	11	41	12	43	13	44	14
1941年（昭16）	45	16	44	15	45	16	46	17	48	18	49	19
1942年（昭17）	50	21	49	20	50	21	51	22	53	23	54	24
1943年（昭18）	55	26	54	25	55	26	56	27	58	28	59	29
1944年（昭19）	0	31	0	31	1	32	2	33	4	34	5	35
1945年（昭20）	6	37	5	36	6	37	7	38	9	39	10	40
1946年（昭21）	11	42	10	41	11	42	12	43	14	44	15	45
1947年（昭22）	16	47	15	46	16	47	17	48	19	49	20	50
1948年（昭23）	21	52	21	52	22	53	23	54	25	55	26	56
1949年（昭24）	27	58	26	57	27	58	28	59	30	0	31	1
1950年（昭25）	32	3	31	2	32	3	33	4	35	5	36	6
1951年（昭26）	37	8	36	7	37	8	38	9	40	10	41	11
1952年（昭27）	42	13	42	13	43	14	44	15	46	16	47	17
1953年（昭28）	48	19	47	18	48	19	49	20	51	21	52	22
1954年（昭29）	53	24	52	23	53	24	54	25	56	26	57	27
1955年（昭30）	58	29	57	28	58	29	59	30	1	31	2	32
1956年（昭31）	3	34	3	34	4	35	5	36	7	37	8	38
1957年（昭32）	9	40	8	39	9	40	10	41	12	42	13	43
1958年（昭33）	14	45	13	44	14	45	15	46	17	47	18	48
1959年（昭34）	19	50	18	49	19	50	20	51	22	52	23	53
1960年（昭35）	24	55	24	55	25	56	26	57	28	58	29	59
1961年（昭36）	30	1	29	0	30	1	31	2	33	3	34	4
1962年（昭37）	35	6	34	5	35	6	36	7	38	8	39	9
1963年（昭38）	40	11	39	10	40	11	41	12	43	13	44	14
1964年（昭39）	45	16	45	16	46	17	47	18	49	19	50	20

【基数早見表②】 1965 年～ 1994 年生まれ

	1月	2月	3月	4月	5月	6月	7月	8月	9月	10月	11月	12月
1965年（昭40）	51	22	50	21	51	22	52	23	54	24	55	25
1966年（昭41）	56	27	55	26	56	27	57	28	59	29	0	30
1967年（昭42）	1	32	0	31	1	32	2	33	4	34	5	35
1968年（昭43）	6	37	6	37	7	38	8	39	10	40	11	41
1969年（昭44）	12	43	11	42	12	43	13	44	15	45	16	46
1970年（昭45）	17	48	16	47	17	48	18	49	20	50	21	51
1971年（昭46）	22	53	21	52	22	53	23	54	25	55	26	56
1972年（昭47）	27	58	27	58	28	59	29	0	31	1	32	2
1973年（昭48）	33	4	32	3	33	4	34	5	36	6	37	7
1974年（昭49）	38	9	37	8	38	9	39	10	41	11	42	12
1975年（昭50）	43	14	42	13	43	14	44	15	46	16	47	17
1976年（昭51）	48	19	48	19	49	20	50	21	52	22	53	23
1977年（昭52）	54	25	53	24	54	25	55	26	57	27	58	28
1978年（昭53）	59	30	58	29	59	30	0	31	2	32	3	33
1979年（昭54）	4	35	3	34	4	35	5	36	7	37	8	38
1980年（昭55）	9	40	9	40	10	41	11	42	13	43	14	44
1981年（昭56）	15	46	14	45	15	46	16	47	18	48	19	49
1982年（昭57）	20	51	19	50	20	51	21	52	23	53	24	54
1983年（昭58）	25	56	24	55	25	56	26	57	28	58	29	59
1984年（昭59）	30	1	30	1	31	2	32	3	34	4	35	5
1985年（昭60）	36	7	35	6	36	7	37	8	39	9	40	10
1986年（昭61）	41	12	40	11	41	12	42	13	44	14	45	15
1987年（昭62）	46	17	45	16	46	17	47	18	49	19	50	20
1988年（昭63）	51	22	51	22	52	23	53	24	55	25	56	26
1989年（平1）	57	28	56	27	57	28	58	29	0	30	1	31
1990年（平2）	2	33	1	32	2	33	3	34	5	35	6	36
1991年（平3）	7	38	6	37	7	38	8	39	10	40	11	41
1992年（平4）	12	43	12	43	13	44	14	45	16	46	17	47
1993年（平5）	18	49	17	48	18	49	19	50	21	51	22	52
1994年（平6）	23	54	22	53	23	54	24	55	26	56	27	57

【基数早見表③】 1995年〜2024年生まれ

	1月	2月	3月	4月	5月	6月	7月	8月	9月	10月	11月	12月
1995年（平7）	28	59	27	58	28	59	29	0	31	1	32	2
1996年（平8）	33	4	33	4	34	5	35	6	37	7	38	8
1997年（平9）	39	10	38	9	39	10	40	11	42	12	43	13
1998年（平10）	44	15	43	14	44	15	45	16	47	17	48	18
1999年（平11）	49	20	48	19	49	20	50	21	52	22	53	23
2000年（平12）	54	25	54	25	55	26	56	27	58	28	59	29
2001年（平13）	0	31	59	30	0	31	1	32	3	33	4	34
2002年（平14）	5	36	4	35	5	36	6	37	8	38	9	39
2003年（平15）	10	41	9	40	10	41	11	42	13	43	14	44
2004年（平16）	15	46	15	46	16	47	17	48	19	49	20	50
2005年（平17）	21	52	20	51	21	52	22	53	24	54	25	55
2006年（平18）	26	57	25	56	26	57	27	58	29	59	30	0
2007年（平19）	31	2	30	1	31	2	32	3	34	4	35	5
2008年（平20）	36	7	36	7	37	8	38	9	40	10	41	11
2009年（平21）	42	13	41	12	42	13	43	14	45	15	46	16
2010年（平22）	47	18	46	17	47	18	48	19	50	20	51	21
2011年（平23）	52	23	51	22	52	23	53	24	55	25	56	26
2012年（平24）	57	28	57	28	58	29	59	30	1	31	2	32
2013年（平25）	3	34	2	33	3	34	4	35	6	36	7	37
2014年（平26）	8	39	7	38	8	39	9	40	11	41	12	42
2015年（平27）	13	44	12	43	13	44	14	45	16	46	17	47
2016年（平28）	18	49	18	49	19	50	20	51	22	52	23	53
2017年（平29）	24	55	23	54	24	55	25	56	27	57	28	58
2018年（平30）	29	0	28	59	29	0	30	1	32	2	33	3
2019年（令1）	34	5	33	4	34	5	35	6	37	7	38	8
2020年（令2）	39	10	39	10	40	11	41	12	43	13	44	14
2021年（令3）	45	16	44	15	45	16	46	17	48	18	49	19
2022年（令4）	50	21	49	20	50	21	51	22	53	23	54	24
2023年（令5）	55	26	54	25	55	26	56	27	58	28	59	29
2024年（令6）	0	31	0	31	1	32	2	33	4	34	5	35

直居由美里（なおいゆみり）

京都造形芸術大学「東京芸術学舎・ライフスタイル学科」にて風水講座の講師を経て、2012年より由美里風水塾を開校。環境学の学問として、風水・家相学などを30年にわたり研究し、独自のユミリー風水を確立した。「人は住まいから発展する」というユミリーインテリアサイエンスの理念のもと、風水に基づいた家づくりを提案し、芸能人や各界のセレブにもファン多数。テレビや雑誌、講演会のほか、企業のコンサルタントとしても活躍中。2009年「易聖」の称号を得る。現在YouTubeで「ユミリー風水研究所」として幸運な人生の送り方を発信中。

YouTube　https://www.youtube.com/@user-zr9kk1be9j
公式HP　http://www.yumily.co.jp

波動表に基づいた運勢やアドバイスを毎日更新中!（携帯サイト）
『直居ユミリー恋愛♥風水』　https://yumily.cocoloni.jp
『ユミリー成功の法則』　https://yms.cocoloni.jp

ブックデザイン　フレーズ
カバーイラスト　押金美和
本文イラスト　レミイ華月
編集協力　テクト・パートナーズ、メイ
撮影　市川勝弘
ヘアメイク　今森智子
衣装協力　YUKI TORII INTERNATIONAL

九星別ユミリー風水
2024
三碧木星

2023年　8月10日　第1刷発行

著　者　直居由美里
発行者　佐藤 靖
発行所　大和書房
東京都文京区関口1-33-4
電話　03-3203-4511
本文印刷　光邦
カバー印刷　歩プロセス
製本所　ナショナル製本

ISBN978-4-479-31042-6
乱丁・落丁本はお取り替えいたします。
https://www.daiwashobo.co.jp